rowohlts monographien herausgegeben von Kurt Kusenberg

David Herbert Lawrence

in Selbstzeugnissen
und Bilddokumenten
dargestellt von
Richard Aldington

rororo bildmonographien

Rowohlt

Dieser Band wurde eigens für «rowohlts monographien» geschrieben
Aus dem Englischen von Wilfried Steinhagen
Die Bibliographie bearbeitete Uta Rösler-Isringhaus
Herausgeber: Kurt Kusenberg
Assistenz: Erika Ahlers
Umschlagentwurf: Werner Rebhuhn
Vorderseite: D. H. Lawrence, 1925, Fotografie (Ullstein-Bilderdienst, Berlin)
Rückseite: Das Innere der D. H. ‹Lawrence Memorial Chapel›.
In dem Altar aus Zement ruht Lawrences Asche. (Warren Roberts, esq.)

Veröffentlicht im Rowohlt Taschenbuch Verlag GmbH,
Reinbek bei Hamburg, November 1961

Satz Times (Linotron 404)
Gesamtherstellung Clausen & Bosse, Leck
Printed in Germany
780-ISBN 3 499 50051 5

1.–15. Tausend Januar 1961
16.–23. Tausend Dezember 1981

Inhalt

D. H. Lawrence

Ein umstrittener Dichter

In den umfangreichen Annalen der englischen Literatur gibt es sehr weniges, was so eigenartig, so fesselnd und vielschichtig ist wie die Geschichte des Lebens, des Charakters und der Werke von David Herbert Lawrence. Ohne ein verständnisvolles Eingehen auf sein Leben ist es kaum möglich, die vielen und sehr verschiedenartigen Bücher, die er während einer schriftstellerischen Laufbahn von nur knapp fünfundzwanzig Jahren in rascher Folge hervorbrachte, richtig zu würdigen. Entsprechend gruppiert und gedeutet, ergeben diese Werke beinahe im wörtlichen Sinne eine große Autobiographie: Lawrence ist der Cyril seines Romans *The White Peacock (Der weiße Pfau)*; er ist zugleich Siegmund und Byrne in *The Trespasser (Auf verbotenen Wegen)*; er ist auch die Hauptgestalt Paul Morel in dem Roman *Sons and Lovers (Söhne und Liebhaber),* der ursprünglich *Paul Morel* hieß; er ist Skrebensky in *The Rainbow (Der Regenbogen),* Birkin in *Women in Love (Liebende Frauen),* Lilley in *Aaron's Rod (Aarons Stab),* Somers in *Kangaroo (Känguruh),* Ramón in *The Plumed Serpent (Die gefiederte Schlange)*; er ist sogar Mellors in *Lady Chatterley's Lover (Lady Chatterley)* – um nur die Romane zu nennen. Denn auch die Kurzgeschichten, die Reisebücher, die Gedichte, Essays und Briefe atmen seine Persönlichkeit.

«Ein geisteskranker Egozentriker», sagten einst die Gegner, die jetzt im Schwinden begriffen sind. «Er kann nicht objektiv schreiben – er schreibt nur über sich. Ego et uxor mea ist sein einziges Thema.»

«Im Gegenteil», sagen seine Bewunderer, «er war ein so hochbegabter und originaler Künstler, eine so überaus lebendige Persönlichkeit, seine Weltanschauung war so neuartig, daß er in dem lebenslangen Ringen, einer poetischen Vision Ausdruck zu verleihen, seine ureigene Sprache reden mußte.»

Noch heute, fünfzig Jahre nach seinem Tode, ist der Streit nicht beigelegt, obwohl Lawrence wahrscheinlich der am meisten gelesene und übersetzte englische Schriftsteller unseres Jahrhunderts ist. Als ich die erste umfassende Lawrence-Biographie veröffentlichte, stellte ich ihr folgende Worte Jonathan Swifts als Motto voran: «Wenn ein Genius in der Welt erscheint, werdet ihr ihn daran erkennen, daß sich alle Dummköpfe der Welt gegen ihn verschwören.»

Die erste Aufnahme

Gewisse «Intellektuelle», die ihre Aufgabe darin sehen, eine öffentliche Meinung über Bücher zu bilden, die sie selbst nie zu schreiben in der Lage wären, entdecken fortwährend Originalität, die in Wirklichkeit keine ist; und sie hassen die echte, seltene Originalität, wenn sie ihr einmal begegnen.

Durch den Einfluß, den einige dieser Intellektuellen zeitweilig in Zeitschriften ausübten, haben sie ohne Zweifel Lawrences harten Kampf erschwert und verlängert. Zu Lawrences Lebzeiten waren die meisten von ihnen das, was die Franzosen «fils à papa» nennen, das heißt Leute mit Monatswechseln oder kleinen, ererbten Vermögen. Lawrence hatte nichts als sein Talent. Als Bergmannssohn gehörte er der Arbeiterklasse an. Mit dem Scharfblick des Arbeiters durchschaute er die Anmaßungen und Albernheiten des Mittelstandes und verlieh seiner Verachtung in Wort und Schrift mit schonungsloser Offenheit Ausdruck. Die Folge war, daß man Lawrence zweifachen Haß entgegenbrachte: einmal den natürlichen Haß der Mittelmäßigen gegenüber dem genialen Menschen; zum anderen erbitterten Klassenhaß, den «ohnmächtigen Haß der höheren Schichten gegenüber den niederen», wie es David Garnett einmal treffend ausdrückte. Bis heute hat es mich immer wieder in höchstes Staunen versetzt, mit welcher Schärfe und Erbitterung dieser Haß gegen Lawrence zum Ausdruck kommt. Eine weniger bedeutende Persönlichkeit hätte nie eine so heftige Ablehnung erfahren. Aber man darf nicht vergessen, daß der Schriftsteller und Mensch, der solchen Haß erregte, auch auf das glühendste bewundert und geliebt worden ist. Die kleine Schar, die zu seinen Lebzeiten zu Lawrence hielt, hat sich vertausendfacht, und seit Jahren schon ist es fast unmöglich, alles zu lesen, was über ihn geschrieben wird.

Jetzt, da die Schlacht auch in England gewonnen ist, kann man sich kaum ein Bild davon machen, ja, selbst wir Überlebenden können uns nur mit Mühe noch daran erinnern, mit welcher Schärfe Lawrence zu seinen Lebzeiten boykottiert wurde. Hierfür ein Beispiel aus meiner eigenen Erfahrung: 1926 schrieb ich eine Broschüre über ihn. Meine Schrift wurde ihm nicht gerecht, aber sie war das begeisterte Zeugnis eines jungen Mannes: «Ich sehe in Lawrence die große Persönlichkeit – und den großen Engländer!» Ich zitierte eine Seite seiner Prosa und schloß: «Dies ist die Arbeit eines großen Künstlers!» Ich schrieb damals regelmäßig für einflußreiche Zeitschriften, und meine Bücher erschienen diesseits und jenseits des Atlantik. Dennoch fand ich über ein Jahr lang niemanden, der diesen Aufsatz zu drucken bereit gewesen wäre. Endlich erschien er 1927 in der University of Seattle Press. In England wurde er erst 1930, nach Lawrences Tod, veröffentlicht.

Die Ursachen, Mißverständnisse und Vorurteile, die diese feindliche Haltung bewirkten, werden im weiteren Verlauf dieses Buches aufgezeigt werden; bis zu einem gewissen Grade war Lawrence auch selbst schuld daran, wie wir sehen werden. Gewiß war er nie ganz ohne Freunde, obgleich er von seinem Vater die unglückselige Eigenschaft geerbt hatte, aus Freunden Feinde zu machen. Hin und wieder erschienen sogar positive Rezensionen seiner Bücher; aber man munkelte seinerzeit, und ich glaube mit Recht, daß eine Lawrence freundlich gesinnte Rezensentin ihre Stelle aufgeben mußte, weil sie *The Rainbow* gelobt hatte.

Einer der Gründe, warum Lawrence abgelehnt wurde, war, so töricht das klingt, jenes Vorurteil, daß «ein guter Schriftsteller auch ein guter Mensch sein muß», wobei man unter einem «guten Menschen» einen wohlanständigen Bourgeois zu verstehen hat. Wieviel Tinte hat man vergeudet, um zu beweisen, daß zum Beispiel Shakespeare ein «guter Mensch» war, derselbe Shakespeare, von dem die Überlieferung berichtet, er sei ein Wilddieb und Schlingensteller gewesen und wegen seiner Steuerschulden belangt worden, derselbe Shakespeare, der Frau und Kind im Stich ließ, Liebessonette an eine Dame schrieb, die nicht seine Frau war, und homoerotische Gedichte an einen jungen Mann verfaßte. Nun, Lawrence stammte aus der Arbeiterklasse und war ipso facto suspekt. Er schrieb Romane, die sich als Lektüre für junge Damen nicht eigneten. Die Frau, mit der er durchbrannte, und die er später nach ihrer Scheidung heiratete, war Mutter von drei Kindern und außerdem eine Deutsche, was damals einem Verbrechen gleichkam. Sie wurde der Spionage verdächtigt und aus Cornwall ausgewiesen. Er selbst verließ daraufhin England und hatte seine ersten schriftstellerischen Erfolge in den USA. Wie man sieht war Lawrence kein «guter» Mensch, und folglich, nach der unerbittlichen Logik von Schwachköpfen, auch kein guter Schriftsteller.

Besonders heftig und anhaltend war die Erbitterung gegen Lawrence unter jenen, die tatsächlich oder in ihrer Vorstellung seiner Gabe für Satire und Karikatur zum Opfer gefallen waren. Daß diese ziemlich unbedeutenden Vertreter der Bourgeoisie, die natürlich sich selbst für «Gentlemen», Lawrence dagegen für einen «Flegel» hielten, ihn so sehr haßten, erklärt sich aus ihrer maßlosen Eitelkeit und Aufgeblasenheit. Noch heute werden gelegentlich mehr oder weniger authentische Erinnerungen an Lawrence erzählt. Vor nicht allzu langer Zeit hörte ich in einem Londoner Club eine Bemerkung, die mich sehr amüsiert hat. Sie fiel während eines Gesprächs zwischen zwei Männern, die ganz sicher ihr Leben als «fils à papa» begonnen hatten, das heißt sie hatten es nicht nötig gehabt, ihren Lebensunterhalt zu verdienen. Sie waren auch entsprechend aufgeblasen, obwohl inzwischen der eine von ihnen fünfzig, der andere über siebzig Jahre alt war. Glühende Empörung über Lawrences «Heimtücke» brachte sie zusammen. (Das Verletzende an Lawrences satirischen Porträts war, daß sie den Nagel auf den Kopf trafen.) Der ältere der beiden Herren bemerkte: «Keiner von denen, die Lawrence gut kannten, so wie wir ihn kannten, hat seinen Tod bedauert.» Im Fall Lawrence etwas Derartiges zu behaupten war eine glatte Lüge. Ich könnte, ohne lange zu überlegen, mindestens zwanzig Personen nennen, die Lawrence besser kannten als diese beiden Männer, und die seinen Tod tief und aufrichtig betrauert haben.

Wenn ich die gehässigen Reminiszenzen seiner Gegner hier hervorhebe, dann deswegen, weil sie dazu beigetragen haben, daß eine Legende entstand, nach der Lawrence mürrisch, scheinheilig, neidisch, streitsüchtig und boshaft gewesen sein und abwechselnd geistliche Lieder gesungen und sexuelle Zügellosigkeiten gepredigt haben soll. Den fröhlichen, gesprächigen, poetischen Lawrence mit seiner leidenschaftlichen Lust am Leben und der einzigartigen Kraft, einem die lebendige Welt nahezubringen, überging man geflissentlich. Seine Frau schrieb: «Alles, womit er in Berührung kam, erschien einem so neu, als ob es eben erst erschaffen worden wäre.» Ich weiß genau, was sie meint, ich habe es selber erfahren. Lawrence ist tot, und seine Gaben sind mit ihm gestorben. Sie leben jedoch weiter in seinen Werken und im Gedächtnis derer, denen seine Gaben wichtiger waren als seine Verfehlungen und Schwächen.

Denn selbstverständlich hatte er seine unguten Seiten – makellose Menschen sind eine Erfindung von spießbürgerlichen Professoren und Geistlichen. Lawrence kannte sehr gut die Schattenseiten seines Charak-

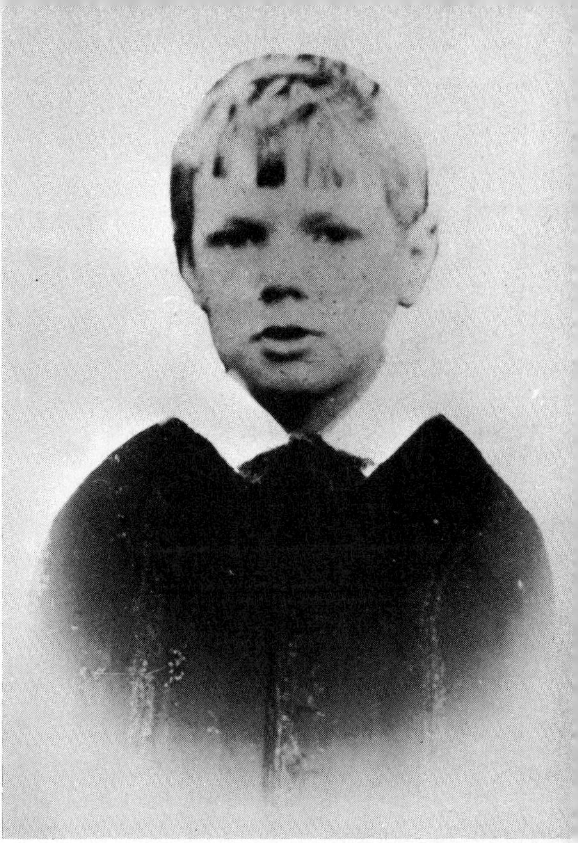

Der Schüler

ters, das «dunkle Selbst», wie wir es nannten. Einer der guten Züge an Lawrence war seine Lauterkeit; sein unerschütterliches Festhalten an dem, was er für die Wahrheit hielt, wie übertrieben oder sogar aufreizend unsinnig es anderen auch erscheinen mochte. In ähnlicher Weise beobachtete und beschrieb er die Wahrheit über sich selbst mit einer Offenheit, die seinen wütenden Verleumdern völlig fremd war. So sagt er zum Beispiel in *Sons and Lovers,* dem autobiographischen Roman seiner Kindheit und Jugend über Paul Morel, das heißt über sich:

Meistens machte er den Eindurck, als ob er mehr sähe als andere, war voller Leben und Wärme. Dann erschien auf seinem Gesicht ein plötzliches Lächeln, liebenswert wie das Lächeln seiner Mutter; und plötzlich, wenn etwas den schnellen Flug seiner Seele hemmte, wurde sein Gesicht dumm und häßlich. Er war einer von den Jungen, die zu Clowns und Lümmeln werden, wenn sie sich unverstanden oder unterschätzt fühlen, und wieder ganz reizend sind, sobald ihnen etwas Wärme entgegenströmt.

Der junge D. H. Lawrence

Hier beschreibt er sich so, wie er als Jüngling war, lange bevor er erkannte, daß er jene faszinierende und gefährliche Eigenschaft besaß, die wir unzulänglich als Genialität bezeichnen. Als er älter wurde, war er noch «leidenschaftlicher» und «lebensvoller», aber er entwickelte auch unangenehmere Züge als den, sich nur «dumm» und «häßlich» zu fühlen, wenn man ihn nicht verstand. Wir werden dieser Erscheinung gleich weiter nachgehen. Fest steht, daß Lawrence schon als Jüngling jene zwei Seiten seiner Persönlichkeit erkannte, die einander so entgegengesetzt sind und die bei ihm so viel heftiger und beherrschender als bei anderen Menschen auftreten, so daß man versucht ist, von einer «Persönlichkeitsspaltung» zu sprechen. In der Gestalt des Birkin in dem Roman *Women in Love* finden wir Lawrence als Mann von dreißig. Auch hier bekennt er wieder freimütig die zwei Seelen in seiner Brust und gesteht das Vorhandensein seines «dunklen Selbst» offen ein:

Er hatte eine wunderbare, beneidenswerte Weltoffenheit, jene seltene Eigenschaft, die einen Menschen so liebenswert erscheinen läßt; und gleichzeitig steckte in ihm ein nörglerischer Weltverbesserer, ein moralisierender Schulmeister, ein selbstgefälliger Pedant von der schlimmsten Art.

Neuen Bekannten, die ihn zu einem Menschen nach ihrem Bilde umformen wollten, pflegte er zu sagen, daß er *überhaupt nicht liebenswürdig* sei, obwohl er zu denen, deren Art ihn nicht verletzte, immer sehr freundlich war. In solchen Stimmungen verglich er sich mit einer Schlange, deren Haut schön gezeichnet und deren Biß giftig sei. Manchmal fühlte er sich allen Menschen völlig fremd und haßte die moderne Welt mit ihren dicht bevölkerten, durch Industrie entstellten Städten. Sentimentale Menschenfreunde schockierte er dadurch, daß er sich eine Welt ersehnte, aus der alle menschlichen Wesen verschwunden wären, *eine Welt ohne Menschen, bedeckt von Gras, aus dem ein Hase aufguckt.* Später, in den Rocky Mountains, verglich er sich gern mit einem Berglöwen, einem Puma, den dort zwei dümmlich grinsende Mexikaner in einer Falle gefangen und getötet hatten. Auch er, fand Lawrence, werde von solchen Menschen gejagt und bedroht; er gleiche jener einsamen Raubkatze, die *zu nichts nütze,* aber *wild und schön* sei.

And I think in this empty world there was room for me and a mountain lion.
And I think in the world beyond, how easily we might spare a million or two of humans
And never miss them.
And yet what a gap in the world, the missing white frost-face of that slim yellow mountain-lion!

Und ich glaube, in dieser leeren Welt war noch Platz für mich und einen Berglöwen.
Und ich glaube, in einer anderen Welt würden wir leicht
auf ein oder zwei Millionen Menschen verzichten können und sie niemals vermissen.
Aber nun, welch ein klaffendes Loch in der Welt:
das fehlende weiße Rauhreif-Gesicht eines schlanken gelben Berglöwen. In der Lawrence zu Ehren errichteten Gedächtnishalle auf der einsamen Ranch mit dem Blick auf die Berge von Sangre de Cristo befindet sich über dem Katafalk eine in Holz geschnitzte Tiergestalt. Als ich sie zum erstenmal sah, dachte ich, sie stelle jenen Berglöwen dar. Doch man sagte mir, es sei der «Rote Fuchs». Dies war der Beiname, den die Pueblo-Indianer jener Gegend Lawrence gegeben hatten. Schade! Ich für meinen Teil hätte den *schlanken gelben Berglöwen* für ein dem Dichter angemesseneres Sinnbild gehalten.

Jugendjahre

Eastwood, die kleine Stadt, in der D. H. Lawrence geboren wurde, liegt im Herzen Englands zwischen Derbyshire und Nottinghamshire, in der Nähe des Waldes, der einst der riesige Wald von Sherwood war. Mit diesem Wald sind die Legenden von Robin Hood verwoben, die den langen geheimen Widerstand der Sachsen gegen die normannischen Eroberer symbolisieren. Nicht weit davon steht Newstead Abbey, das Gut Lord Byrons, des anderen englischen Dichters, der durch puritanische Böswilligkeit ins Exil getrieben wurde; in seinem Falle schützte ihn dagegen nicht einmal seine aristokratische Herkunft. An das Gut Newstead grenzt nach Eastwood hin Annesley, die Heimat von Mary Chaworth, Lord Byrons erster Liebe. Durch einen seltsamen Zufall war ein kleiner Bauernhof in der Nähe desselben Gutes die Geburtsstätte von D. H. Lawrences erster Liebe, Jessie Chambers. Eastwood, das im 19. Jahrhundert infolge der Eröffnung eines Kohlenbergwerkes aus einem kleinen Flecken zur grauen Industriestadt wurde, hat nichts Romantisches an sich. Lawrence selbst beschrieb es als eine Stadt, die aus *einer schäbigen Hauptstraße und Hunderten von kümmerlichen Häusern bestand ... kleinen, rußgeschwärzten Backsteinhäusern mit Ziegeldächern, die einen überaus jämmerlichen, erbärmlichen und bodenlos häßlichen Eindruck machten.*

Daß diese seltsame Umgebung einen der sensibelsten Dichter Englands hervorgebracht hat, sollte denen zu denken geben, die da meinen, bei der Charakterbildung sei das Milieu alles und Vererbung nichts. Aber war dieses Milieu wirklich unerträglicher als das, in dem andere geniale Dichter aufwuchsen? Litt Lawrence mehr als der junge Percy Shelley, als er, von seinen Eltern gehaßt und verachtet, in Eton als der «verrückte Shelley» verhöhnt und verfolgt wurde; als er von der Universität Oxford verwiesen wurde, weil er seinen Professoren Fragen stellte, die sie nicht beantworten konnten, obwohl sie dafür bezahlt wurden, und weil ein Lordkanzler meinte, der junge Mann sei kein geeigneter Umgang für seine Kinder? Baudelaire hat wohl recht, wenn er in seinem Gedicht die Mutter des Dichters klagen läßt:

In der Victoria Street in Eastwood wurde D. H. Lawrence geboren

Ah! que n'ai-je mis bas tout un noeud de vipères,
Plutot que de nourrir cette dérision!
Maudite soit la nuit aux plaisirs éphémères
Où mon ventre a conçu mon expiation!

Ach hätt' ich doch lieber ein ganzes Knäuel von Schlangen
in diese Welt gesetzt als solchen Spott mir genährt.
Verflucht sei die Nacht der flüchtigen Freuden,
als meinem Leib seine Buße schon auferlegt ward.

«Die große Weite vor dem Hause...» Im Hintergrund des Freigeländes sieht man die Siedlung The Breach. Die Familie Lawrence zog aus der Victoria Street dorthin

In der Tat würde es niemandem einfallen, zu behaupten, daß Lawrence einer harmonischen Ehe entstammte, ebensowenig wie das Milieu, in dem er aufwuchs, für einen werdenden Dichter besonders günstig war. Sein Vater, Arthur John Lawrence (1846–1924), war ein ungebildeter, aber (in seiner Jugend) gut aussehender Bergmann, eine Art Vorarbeiter, der stolz auf seinen Beruf war. Er liebte wildwachsende Pflanzen und Tiere, war ein behender Tänzer, ein guter Geschichtenerzähler, aber auch ein großer Zecher und Biertrinker. Er war leichtsinnig und nicht frommer, als es in einer Gemeinde wie Eastwood erforderlich war. Wie die anderen Bergleute sprach er den Dialekt der Gegend. Ob er das Englisch der gebildeten Schichten (King's English) nicht sprechen konnte oder ob er es nur nicht wollte, weiß man nicht.

Gegen Ende des Jahres 1874 traf der Bergmann Arthur John Lawrence in Nottingham Lydia Beardsall (1852–1910). Es dürfte einem schwerfallen, sich einen größeren Gegensatz vorzustellen. Sie entstammte einer

Familie des niederen Mittelstandes, die sich eine vornehme Vergangenheit andichtete. Sie war auf puritanische Art fromm, belesen, immer zum Diskutieren aufgelegt, streng im Urteil über alle, die nicht waren wie sie, hatte ein sehr ausgeprägtes Selbstbewußtsein, war höflich, eigensinnig und klar im Ausdruck. Sie hatte nie jemanden wie den lustigen, hübschen, schwarzbärtigen und kräftigen Bergmann getroffen. Er tanzte so gut und gebrauchte in der Anrede statt des im King's English üblichen «you» die Formen «thee» und «thou». Trotz – oder vielleicht sogar teilweise wegen – des Widerstandes ihrer Familie gegen eine so unpassende Verbindung ließ sie sich mit ihm in Sneiton am 27. Dezember 1875 trauen. Arthur John und Lydia waren die Eltern von David Herbert Lawrence.

Durch geduldiges Aufspüren und Befragen alter Leute hat man einige Tatsachen und mehrere Legenden in Erfahrung gebracht: Lawrences Großvater väterlicherseits war Schneider, der Vater seiner Mutter war Prediger; es gibt außerdem eine alte Familienlegende, nach welcher einer der Vorfahren als Soldat in der Schlacht von Waterloo gefallen sein soll. Alle diese schattenhaften Gestalten waren ohne greifbaren Einfluß auf D. H. Lawrence. Seine Dichterpersönlichkeit und seine Kunst sind geformt worden – oder verformt und verbogen, wie man's nimmt – durch den Einfluß seiner ungleichen Eltern, durch seine leidenschaftliche Liebe zur Mutter und durch das eigenartig intensive Familienleben, das der sensible Junge zusammen mit seinen Geschwistern George Arthur, William Ernest, Emily und Ada erlebte. Alles dies bildet das Thema eines seiner bekanntesten Romane, *Sons and Lovers.*

Auch aus anderen Quellen erfahren wir einiges Nähere über die schwerwiegenden Unterschiede, die das Zusammenleben von Lawrences Eltern so unharmonisch verlaufen ließen. Wenn der Vater frühmorgens allein seinen Frühstücksspeck vor dem riesigen Kohlenfeuer briet, entzifferte er mit Mühe ein paar Zeilen aus der Zeitung. Die Mutter hingegen hatte Gedichte geschrieben, von denen sogar einige in Zeitschriften abgedruckt worden waren. Als ihr Mann das erste Mal nach den Flitterwochen schmutzig von der Arbeit zum Essen nach Hause kam und darauf bestand, sein Essen ungewaschen einzunehmen, war sie entsetzt. Sie war es noch mehr, als er vor dem Feuer in der Küche ein Bad in einem Waschzuber nahm und sie zwang, ihm den Rücken zu waschen. Lawrences Mutter war nicht nur engstirnig fromm in der Art der englischen Nonkonformisten, sondern auch eine fanatische Abstinenzlerin. Der Vater dagegen ging zwar zur Kirche – es war damals praktisch Zwang, es zu tun –, aber er strich doch viel lieber in den Feldern herum und sammelte Kräuter, aus denen er sich nach alten Rezepten Tränke bereitete. Und noch lieber ging er mit seinen Kumpeln in die Kneipe und trank Bier. Er trank auch manchmal entschieden zu viel und brachte das Geld durch, das für den Haushalt bestimmt gewesen war. In solchen Nächten blieb dann seine Frau auf und wartete auf ihn. *Sie nährte ihren Zorn, um ihn warm zu halten,* und wenn er dann nach Hause kam, betrunken, aber bereit, sie um Verzeihung zu bitten, dann *kochte der Zorn über wie ein Sturzbach von bitteren Wahrheiten,* die ihn rasend machten und zu Szenen von gemeinster Gewalttätigkeit führten. In *Sons and Lovers* hat Lawrence die schreckliche Angst beschrieben, die er als Kind fühlte, wenn er von seinem Bett aus solche Szenen mitanhören mußte:

Die große Weite vor dem Haus erweckte in den Kindern ein Gefühl von Nacht, ein Gefühl des Schweigens. Dieser Schrecken kroch aus dem Ächzen des Baumes und der Angst wegen des ewigen Streites im Haus. Nachdem Paul eine Zeitlang geschlafen hatte, wachte er auf, hörte Gepolter. Sofort war er hellwach. Dann hörte er das dröhnende Toben seines Vaters, der wieder halb betrunken nach Hause kam, hörte die scharfen Antworten der Mutter, wie der Vater mit der Faust auf den Tisch hieb, und das häßliche Schnarren seiner Stimme, die immer lauter wurde. Und dann versank das alles in dem durchdringenden Ächzen und Schreien der großen, vom Win-

Das Siedlungshaus der Familie Lawrence (Aufnahme aus dem Jahre 1935)

de gepeitschten Esche. In bangem Schweigen lagen die Kinder im Bett, warteten, daß der Wind nachließe, damit sie hörten, was ihr Vater täte. Vielleicht schlug er die Mutter wieder. Bangen, Blutvergießen, haarsträubendes Erschrecken lebte in der Dunkelheit. Wilde Angst krallte sich in ihre Herzen.

Seltsamerweise hat Lawrence seine eigene Frau oft mit der bitteren Tadelsucht seiner Mutter und der groben Brutalität seines Vaters behandelt. Man hat kürzlich einen bisher unveröffentlichten Brief aufgefunden, den Katherine Mansfield 1916 aus Cornwall an eine Freundin schrieb. Dieser Brief beschreibt eine Szene zwischen Lawrence und seiner Frau:

«Er schlug sie – er schlug sie, als ob er sie umbringen wollte – auf das

Herz, das Gesicht, die Brust; er raufte ihr das Haar aus ... Ich werde nie vergessen, wie L. aussah. Er war so weiß – fast grün, und er schlug auf die große, üppige Frau ein.»

Aber es wäre falsch, den Bericht hier abzubrechen. Katherine Mansfield erzählt weiter, die beiden seien zum Schluß in die Sessel gesunken, und nach etwa einer Viertelstunde habe sich Lawrence mit einer Bemerkung an Murry (den Mann von Katherine Mansfield) gewandt, und dann:

«... kamen alle drei nach und nach wieder an den Tisch heran ... Dann goß sich Frieda Kaffee ein. Darauf fingen sie und Lawrence eine Unterhaltung an, die sich um eine sehr fette, aber sehr gute Sorte von Makkaroni-Käse (sic!) drehte. Und am nächsten Morgen, nachdem er sich selbst gepeinigt hatte, viel schlimmer als er seine Frau je quälte, lief er herum, um ihr das Frühstück ans Bett zu bringen und um ihr einen Hut aufzuputzen.»

Die Frage, ob dieser unglückliche Zug in Lawrences Charakter auf Vererbung beruht, oder ob es sich um eine unbewußte Nachahmung seiner Eltern handelt, ist nebensächlich. Fest steht, daß es diese Ausbrüche von hemmungsloser Gewalttätigkeit bei ihm gab. Sie haben ihm später sehr viel zu schaffen gemacht. Sie sind auch wahrscheinlich einer der Hauptgründe, warum er trotz seiner großen Begabung als Dichter und trotz seines persönliches Charmes auf so viel Abneigung stieß.

Aber dies war nicht die einzige unheilvolle Erbschaft, die er von seinen Eltern mitbekam. Der am 11. September 1885 geborene David Herbert war ihr viertes Kind, und von Geburt an war er kränklich und übersensibel, aber auch sehr zäh und mit einer fast einzigartigen Fähigkeit begabt, sich des Lebens zu freuen und diese Freude anderen mitzuteilen. Lawrence glaubte, daß er als Säugling von vierzehn Tagen fast an Lungenentzündung gestorben wäre. Er sagt, daß er als Kleinkind ein *bleiches, schwächliches Geschöpf mit einer verschnupften Nase* gewesen sei, das immer am Schürzenzipfel seiner Mutter hing. Ein Nachbar erinnerte sich, daß er Lawrence als Baby im Kinderwagen gesehen und daß seine Mutter gesagt habe, sie glaube nicht, daß er am Leben bleibe werde. Ein Klassenkamerad von Lawrence, der ihn viele Jahre überlebte, schrieb:

«Er war ein magerer, bleichsüchtiger und schwächlicher Junge, immer peinlich sauber und ordentlich, zu schwach, um an unseren derben Spielen teilzunehmen, und ohne jede Neigung, es zu tun. Er liebte es, in einem verschwiegenen Winkel still für sich zu lesen. Seine Spielgefährten waren viel öfter Mädchen als Jungen ...»

Lawrence war also von Anfang an schwach auf der Brust und anfällig für die Krankheit, die damals in Bergbaugemeinden so verbreitet war und die ja auch seinem Leben ein frühes Ende bereitete: die Tuberkulose. Die Ärzte sind sich in seinem Fall nie ganz einig geworden, aber es scheint doch erwiesen, daß er schon als Zwanzigjähriger von der Schwindsucht bedroht war. In den beiden autobiographischen Kapiteln des Romans

Familie Lawrence

Kangaroo wird der Held (der natürlich Lawrence selbst ist) 1918 bei der Musterung vom Arzt gefragt: *Wie heißt der Arzt, der bei Ihnen Schwindsucht festgestellt hat?* Lawrence war damals 33 Jahre alt. Wir müssen also immer im Auge behalten, daß dieser bedeutende Mann, der für die englische Literatur so Großes geleistet hat, sein Leben lang gegen Krankheit zu kämpfen hatte, und nicht nur gegen körperliche Behinderungen, sondern viel mehr noch gegen die seelischen Depressionen, die eine lange Krankheit verursacht. Ein gesünderer Mann hätte aber auch nicht einen solchen Mut aufbringen müssen, wie ihn der Kampf gegen die Krankheit und die ständige Drohung des Todes von Lawrence verlangten.

Die Anlage zur Krankheit muß von der Seite der Mutter gekommen sein, denn alle Berichte stimmen darin überein, daß Lawrences Vater, der 78 Jahre alt wurde, von robuster Gesundheit war. Für die Krankheit konnte die arme Frau nichts; aber daß ihr jüngster Sohn – und die anderen Kinder – dem Vater völlig entfremdet wurden, ist ihre Schuld. Sie stellte den Vater als roh, ungebildet, brutal und trunksüchtig hin und konzentrierte alle Liebe ihrer Kinder, besonders aber die von David Herbert, auf sich. Wie Lawrence selbst offen zugab, und wie er es in *Sons and Lovers* wunderbar geschildert hat, war seine Liebe zur Mutter nicht die zärtliche und dankbare Liebe eines Sohnes, sondern die Leidenschaft eines Geliebten. Sie unterband die aufkeimende Liebesbeziehung zu dem Mädchen Jessie Chambers, seiner ersten wirklichen «Liebe», und später zu anderen Mädchen. Erst nach dem Tode seiner Mutter war Lawrence fähig, sich einer anderen Frau zu schenken. Seine Wahl fiel auf Frieda von Richthofen, eine sehr schöne und lebensvolle Frau, die mit einem Engländer verheiratet und Mutter von drei Kindern war. Sie war für Lawrence *die einzige Frau,* ihre warme und fast überschwengliche Mütterlichkeit bestimmten sie dazu. Lawrence war sein Leben lang nicht fähig, die Verantwortung für ein unerfahrenes Mädchen zu übernehmen.

Es ist natürlich im Grunde nichts Ungewöhnliches, wenn ein sensibles Kind von den Persönlichkeiten seiner Eltern stark beeinflußt wird. Aber bei Lawrence war die Sensibilität so groß, daß der Einfluß seiner ungleichen Eltern außerordentlich tief reichte und einen inneren Zwiespalt schuf, der nie wirklich überbrückt worden ist. Auf der einen Seite stand seine Mutter, verbissen, fromm, fast bigott, abstinenzlerisch, gebildet tuend, tadelsüchtig und unduldsam; auf der anderen Seite der lebenslustige, ungebildete und biertrinkende Vater mit seiner Liebe zur freien Natur und zu wilden Tieren und seiner Gabe, Geschichten für die Kinder zu erfinden. Wie ich schon erwähnt habe, war der junge D. H. Lawrence völlig auf der Seite seiner Mutter – wie übrigens auch die anderen Kinder; das geht aus seinen ersten Romanen, *The White Peacock* und *Sons and Lovers,* besonders deutlich hervor. Später änderte sich Lawrences Einstellung zu seinen Eltern. Als ich im Herbst 1928, etwas über ein Jahr bevor er starb, ein paar Wochen bei ihm zu Gast war, wurde mir das besonders klar. Im allgemeinen hält ein Mann über vierzig seine verstorbenen Eltern nicht für das geeignete Thema eines Tischgesprächs. Lawrence jedoch versuchte während mehrerer Mahlzeiten, uns einen Begriff davon zu geben, welch gewaltigen Einfluß seine Eltern auf sein Leben gehabt hätten. Für jemanden, der Lawrences frühere Bücher sehr genau kannte, war es besonders erstaunlich, festzustellen, daß sich inzwischen seine Haltung völlig ins Gegenteil verkehrt hatte, daß er nämlich jetzt seinen Vater pries und seine Mutter ablehnte. Er setzte uns sogar eine (höcht unwissenschaftliche) Theorie auseinander, nach der die Krebskrankheit seiner Mutter darauf zurückzuführen sein sollte, daß sie sich über alles, was ihr im Leben begegnete, so sehr geärgert habe.

Soweit ich mich erinnere, hat sich D. H. Lawrence jedoch nie gegen den starken religiösen Einfluß aufgelehnt, den seine Mutter auf ihn ausübte. Ihre Art der Religiosität war nicht die konventionelle, behäbige, bürgerliche «Frömmigkeit» der anglikanischen Staatskirche, sondern eine ungelenke, fanatische Kleine-Leute-Religion, die den Sturz der «Bösen», das heißt der Reichen und Gebildeten predigte. Lawrence hat diese Art der Religiosität in seinem Buch *Apokalypse* definiert als eine *besondere Art religiöser Frechheit,* als eine *Religion der Selbstverherrlichung und der Macht ... und der Dunkelheit.* Wer Lawrence aufmerksam liest, wird Spuren dieser Religiosität in vielen Teilen seines umfangreichen Werkes finden, und wenn wir uns manchmal über die dogmatische Art wundern, mit der Lawrence dem Leser seine Theorien aufzuzwingen versucht (Theorien, die ja zum Teil tatsächlich interessant und höchst originell, zum Teil allerdings anfechtbar und teilweise sogar offensichtlich falsch sind, etwa die Behauptung, daß der Mond aus einem *phosphoreszierenden Stoff* bestehe), dann müssen wir uns daran erinnern, daß Lawrence selbst als sensibles Kind mit lautstarken Moralpauken tyrannisiert worden war. Er hat wunderbar die moralisierende Bibelverehrung beschrieben, in deren Zeichen seine gesamte Kindheit stand:

Nicht nur wurde das kindliche Bewußtsein tagaus, tagein, jahraus, jahrein, ob es wollte oder nicht, mit kleinen Häppchen aus der Bibel gefüttert ohne Rücksicht darauf, ob das Bewußtsein dies alles verdauen konnte oder nicht, sondern überhaupt wurde die Bibel tagein, tagaus, jahrein, jahraus dogmatisch erklärt, und zwar immer moralisch erklärt, in der Schule oder in der Sonntagsschule, zu Hause oder im «Band of Hope» oder «Christian Endeavour».

Eine solche Schulung, wenn man sie überhaupt Schulung nennen kann, zielt nicht auf Selbstzucht oder Selbstbeherrschung, und vielleicht hätte eine vernünftigere Erziehung Lawrence in die Lage versetzt, die Impulse zu beherrschen, denen er später oft hemmungslos ausgeliefert war. Als Arbeitersohn fühlte sich Lawrence den mittleren Schichten überlegen; dies Gefühl der Überlegenheit wurde durch seinen religiösen Dünkel noch gesteigert. So kam es, daß er als Schuljunge und als Soldat heftig gegen die geforderte Zucht aufbegehrte. Damals war in England gerade der Schulzwang eingeführt worden. Lawrence schreibt über seinen ersten Schultag:

Ich werde nie vergessen, wie schmerzlich ich an meinem ersten Schultag weinte. Ich war gefangen, ich war gefesselt.

Es ist vielleicht jetzt an der Zeit, sich einmal mit Lawrences Bildungsgang zu beschäftigen. Da Lawrence arm war, Sohn eines Arbeiters, hat der Snobismus des Mittelstandes, besonders in Frankreich und Amerika,

Nottingham: die High School

Die Universität Nottingham

ein boshaftes Vergnügen daran gefunden, ihn als einen Autodidakten hinzustellen. Hier die Tatsachen. Lawrence begann seinen Bildungsgang in der Beauvale Board School, doch bereits mit zwölf Jahren erhielt er ein Stipendium für den Besuch einer höheren Schule; er wechselte über auf die altehrwürdige High School in Nottingham. Als Erwachsener meinte Lawrence, die täglichen Fahrten zwischen Eastwood und Nottingham hätten seine Gesundheit untergraben; er hätte jedoch ohne eine höhere Schulbildung nie der Schriftsteller werden können, der er geworden ist. Mit sechzehn Jahren arbeitete er drei Monate lang in einer Fabrik für orthopädische Artikel. Dann wurde er ernstlich krank, so krank, daß man allgemein annahm, er werde sterben wie sein älterer Bruder William Ernest. Nach seiner Genesung nahm er die Arbeit in der Fabrik in Nottingham nicht wieder auf, sondern trat mit siebzehn Jahren in die British School in Eastwood ein, um sich auf den Lehrberuf vorzubereiten. Im Jahr darauf wurde er an die Lehrerbildungsanstalt in Ilkeston versetzt. Zwei Jahre später ging er aus einem Wettbewerb um ein King's Scholarship, das heißt ein Universitätsstipendium, als erster in ganz England hervor. Sechs Monate später bestand er auch das Aufnahme-Examen der Universität. Infolge seiner Armut konnte Lawrence erst mit 21 Jahren auf die Universität Nottingham gehen, doch innerhalb von zwei Jahren erwarb er sich das Diplom für Volksschullehrer. Das Prüfungsgutachten erwähnt seine «große Belesenheit, Gelehrsamkeit und Bildung» und bestätigt ihm, daß er «in Geschmacksdingen anspruchsvoll» sei. Dies mag genügen, um den Vorwurf zu entkräften, Lawrence sei ein «ungebildeter» Schriftsteller gewesen.

Jessie Chambers

Ein ohne Zweifel sehr wichtiges – vielleicht das allerwichtigste – Ereignis in Lawrences Leben war seine Bekanntschaft mit der Familie Chambers und die tiefe, jedoch unerfüllt gebliebene Liebe zwischen ihm und dem Mädchen Jessie Chambers. Obwohl in Eastwood ansässig, hatte die Familie Chambers mit Kohlenbergbau nichts zu tun. Mr. Chambers war Bauer; der Hof der Familie trug den seltsamen Namen «The Haggs», der wahrscheinlich mit dem deutschen Wort «Hag», das heißt «umzäuntes Grundstück» oder «Hain» verwandt ist. The Haggs grenzte an das Gut Annesley, wo Lord Byron seine frühe und unglückliche Liebe Mary Chaworth kennenlernte. Von seinem fünfzehnten Lebensjahr an bis er über zwanzig war, besuchte Lawrence fast täglich die Farm The Haggs. Er nahm dort an den Mahlzeiten teil, half im Haus oder arbeitete auf den Feldern mit Mr. Chambers und seinen Söhnen. Am wichtigsten aber war für ihn das Zusammensein mit Jessie; sie hatten lange Gespräche, lasen zusammen Bücher und tauschten ihre Gedanken darüber aus. Manchmal half Lawrence ihr auch bei ihren Schularbeiten.

Aus kürzlich bekanntgewordenen Quellen geht hervor, daß die Familien Lawrence und Chambers einander schon eine ganze Weile kannten, bevor Mrs. Lawrence und ihr Sohn jenen Besuch auf dem Bauernhof bei der Familie Chambers machten, der in *Sons and Lovers* so einprägsam beschrieben ist. Hier lernte Lawrence eine Familie kennen, in der die Eltern nicht wie Hund und Katze lebten, wie bei ihm zu Hause, obwohl zwischen den Söhnen und Töchtern der Familie eine starke Rivalität herrschte. Darunter hatte besonders Jessie zu leiden, weil die Jungen, die ihre geistigen Interessen verlachten und verachteten, sie zu ihrer Haussklavin machen wollten.

Die langen Fußmärsche und Radfahrten zwischen dem Elternhaus und The Haggs, die vielen Ausflüge in den Feldern und Wäldern um die Farm befreiten den Blick des jungen Lawrence von den schmutzigen Straßen Eastwoods. Zum erstenmal kam er in engen Kontakt mit der lebendigen Natur und ihren tausendfältigen Erscheinungsformen.

Zu Hause hatte Lawrence gelernt, wie man Brot bereitet und bäckt; jetzt auf der Farm lernte er, Kühe zu melken, Butter zu machen, Vieh zu füttern, den Mähdrescher zu bedienen, Heu zu wenden und es säuberlich auf den Wagen zu laden. Besser als ein seitenlanger Aufsatz werden die folgenden Zeilen ausdrücken, was The Haggs für D. H. Lawrence bedeutete. Es ist ein Brief, den Lawrence im November 1928 – fünfzehn Monate vor seinem Tode und gewiß mehr als 25 Jahre nach seinem ersten Besuch auf der Farm – von der Insel Port-Cros an David Chambers schrieb:

Was immer ich vergessen habe, die Haggs Farm werde ich nie vergessen – so war sie mir ans Herz gewachsen. Wie gern kam ich immer zu Euch allen, dort begann wirklich in mir ein neues Leben. Der Apfelbaum vor der Tür – diese blaßroten Rosen, über die Flower sich beugte und deren Blütenblätter sie aß und stolpernd umhertappte – und gedämpfte Feigen zum Tee im Winter, und im August grüne, geschmorte Äpfel. Habt Ihr sie noch? Sage Deiner Mutter, ich würde sie nie vergessen, wohin uns das Leben auch führt – wird sie noch rot, wenn jemand sie in einer schmutzigen weißen Schürze überrascht? Oder trägt sie keine Arbeitsschürzen mehr? Ach, ich möchte noch einmal neunzehn sein, durch das Wildgehege hinaufkommen und den ersten Blick auf die Gebäude tun. Dann würde ich mich auf das Sofa am Fenster setzen, und wir würden in der winzig kleinen Küche, in der ich mich so heimisch fühlte, um den kleinen Tisch zum Tee zusammenrücken.

Son' tempi passati, cari miei! quanto cari, non saprete mai! – Ich könnte Dir nie auf englisch sagen, wieviel das alles für mich bedeutet, wie stark ich das alles noch empfinde.

Wenn ich etwas für Dich tun kann, sage es mir. Ich bin noch immer irgendwo derselbe Bert, der mit solcher Freude zu der Haggs Farm eilte.

Aber nicht nur auf Lawrences persönliches Leben hat die Familie Chambers ihren Einfluß ausgeübt. Einige Mitglieder dieser Familie waren die Vorbilder für sehr wichtige Charaktere in den Romanen *The White Peacock* und *Sons and Lovers* und in den frühen Kurzgeschichten. Es ist bedauerlich, jedoch ganz natürlich, daß Leute, die nicht schöpferisch sind, die Ähnlichkeit von Charakteren in Romanen und Bühnenstücken mit lebenden Vorbildern in der Weise mißverstehen, als liefere der Schriftsteller eine sklavische Kopie der Wirklichkeit, und es liege an seiner entstellenden Bosheit, wenn die Porträts nicht schmeichelhaft ausfallen. Nun kann ein Biograph, wie begabt, gewissenhaft und informiert er auch sein mag, immer nur ein Fragment der Wirklichkeit geben; man denke etwa an das Bild Samuel Johnsons, das sein Biograph Boswell entwirft, oder an das Goethe-Bild Eckermanns. Der schöpferische Schriftsteller will etwas ganz anderes. Er wählt aus dem wirklichen Leben – aus den Charakteren der Menschen, die er gekannt hat – diejenigen Züge aus, die seinen eigenen Zwecken dienlich sind. Nun kommen allerdings die Gestalten in Lawrences Romanen mitunter realistischen Porträts im Sinne der Biographie näher als die Gestalten der meisten anderen Romanciers. Dies liegt zum Teil daran, daß Lawrence auf Grund seiner scharfen Beob-

«The Haggs» mit den heutigen Besitzern

achtung und seines guten Gedächtnisses ungemein «lebensnah» zu schreiben verstand; zudem war er, wie bereits gesagt, so sehr in sich selbst vertieft, daß sein Werk eine große Autobiographie darstellt. Wenn man einigen Kritikern glauben will, liegt der Wert seiner beiden ersten Romane darin, daß in ihnen Mitglieder der Familien Lawrence und Chambers dargestellt sind. Weshalb aber leben denn diese Gestalten? Doch nur, weil sein schriftstellerischer Genius sie wieder geschaffen hat. Wir bewundern Goyas grandiose Malkunst und nicht die spanische Königsfamilie, die ihm als Modell gedient hat.

Als Lawrence in *Sons and Lovers* noch einmal die Erfahrungen seiner Jugend durchlebte, erinnerte er sich ihrer so genau und so lebhaft, daß man spürt, wieviel sie ihm bedeuten. Daß die Erinnerungen einiger Personen mehr oder weniger von dem abweichen, was Lawrence erzählt, hat wenig zu sagen. Wichtig für seine Kunst und damit für die Welt ist allein die Frage, inwieweit diese Personen Lawrence angeregt haben.

In dem Roman *Sons and Lovers* wird mit unendlicher Sorgfalt und Detailschilderung auf den denkwürdigen Besuch hingeleitet, den Paul Morel (d. h. Lawrence) und seine Mutter auf der Farm machen, deren reales Vorbild The Haggs war. Während die Mutter sich umzieht, wäscht Paul – bezeichnenderweise! – das Geschirr und putzt ihre Schuhe (*Wildlederschuhe zu acht Shilling das Paar*). Das Gespräch zwischen den beiden, während sie in einer neuen Bluse die Treppe herunterkommt, macht die seltsame Liebesbeziehung zwischen Mutter und Sohn ganz deutlich – ein böses Omen für Miriam (d. h. Jessie), der Paul an jenem Nachmittag zum erstenmal gegenübersteht. Der Fußmarsch zu der Farm hin wird so lebendig erzählt, daß der Leser das Gefühl hat, er befinde sich selbst auf jenem Weg. Es ist bemerkenswert, daß Lawrence zu jener Zeit die Zeche noch nicht haßte; er spricht von dem Bergwerk wie von *etwas fast Lebendigem.* Erst später, unter dem Einfluß John Ruskins, als er sich darüber klargeworden war, daß ein sklavisches Büroleben für ihn nicht in Frage kam, sagte er dem Industrialismus den Kampf an und wurde nie müde, das ganze System anzuprangern, weil es Menschlichkeit und menschliche Werte zerstöre und natürliche Schönheit vernichte. Soweit ich das übersehe, ist bisher noch keiner der zahlreichen Lawrence-Interpreten auf die Idee gekommen, ihn mit Ruskin zu vergleichen und festzustellen, wie sehr der Jüngere seinem Vorgänger verpflichtet ist.

An der Pforte des Bauernhofs sieht Paul zum erstenmal Miriam, ein Mädchen von etwa vierzehn Jahren, mit *einem blühenden, dunkelhäutigen Gesicht, einem Schopf kurzer schwarzer Locken und dunklen Augen.* Sie trägt eine schmutzige Schürze für die Hausarbeit und ist *schüchtern, skeptisch und den Fremden gegenüber etwas abweisend.* Dann erscheinen die Jungen der Familie Leivers (d. h. Chambers) und behandeln ihre Schwester grob und höhnisch. Ebenso wie von den Menschen fühlt sich der junge Paul Morel von der Schönheit dieses einsamen Fleckens angerührt.

Die Hügel übergroß der Abend mit goldenem Licht; im Unterholz das dunkle Purpur der Glockenblumen. Alles war vollkommen still, nur hier und da das Rascheln von Blättern und Vögeln . . .

1935 veröffentlichte Jessie Chambers eine Schilderung des Zusammentreffens zwischen ihr und Lawrence. Sie sagt darin unter anderem, daß der «scharfe und prüfende Blick», mit dem Lawrence ihre Küche überflog, ihr unbehaglich war. Und zweifellos war es nicht nur die Überprüfung der Küche, die sie übel vermerkte. Auch andere Frauen haben später gefunden, daß «er mehr sah, als ein Mann sehen sollte». Tatsächlich sind in Lawrences Charakter gewisse feminine Seiten nicht zu verkennen, wie das wohl oft bei dichterisch begabten Menschen der Fall ist. Als Junge liebte er es, mit seiner Mutter zu stricken; später garnierte er Hüte für seine Frau und arbeitete mit ihr zusammen an komplizierten Stickereien nach alten etruskischen Gemälden. Darüber hinaus bat er immer Frauen um Rat bei seinen literarischen Arbeiten. Manchmal mußten sie niederschreiben, welchen Eindruck die Personen und Szenen, die er beschrieb, auf sie machten; er war auch immer bereit, ein Buch, an dem er gerade schrieb, mit ihnen durchzusprechen. Beim Abfassen seiner Bücher war immer irgendwie eine Frau im Hintergrund beteiligt. Die erste von ihnen und wegen ihres bildenden Einflusses auf Lawrence wohl die wichtigste war Jessie Chambers.

Von Lawrences ersten Besuchen auf der Farm sagte Jessie Chambers, er sei so glücklich gewesen, «daß es schon ein Abenteuer schien, zu leben und herumzugehen. Lawrences Gabe, eine Atmosphäre guter Kameradschaft zu schaffen, machte die Arbeit zur Freude. Seiner Vitalität und seinem Charme konnte sich niemand entziehen.» Obwohl sie sich später von Lawrence abwandten, schätzten Jessies Eltern ihn damals ebenfalls sehr. «Die Arbeit ist ein Kinderspiel, wenn Bert dabei ist», sagte Mr. Chambers. «Die Jungen arbeiten wie von selber.» Mrs. Chambers war von Anfang an begeistert über die aufmerksame Art, in der Lawrence ihr bei der endlosen Hausarbeit half, denn ihre eigenen Söhne dachten nicht daran, ihr und Jessie auch nur das geringste abzunehmen. Ganz versonnen sagte sie einmal, sie hoffe, «daß sie einst im Himmel neben Lawrence werde sitzen dürfen». Einer der Chambers-Söhne ist die männliche Hauptfigur in *The White Peacock;* er trägt dort den Namen George. Schon bei seinem ersten Besuch gewann Lawrence das Herz der beiden Frauen, besonders das Jessies. Sie zeigte ihm das Nest eines Zaunkönigs in der Hecke, und er sprach so verständnisvoll von diesem Nest, daß «es plötzlich Leben für sie zu gewinnen schien». Jessie, die wilde Blumen ebenso sehr liebte wie er, war sehr ergriffen, als er die Blüten des Johanniskrauts *sternförmige Goldspritzer* nannte. Sie gesteht, daß für sie «das Johanniskraut immer einen gewissen Zauber behielt». Jahre später erging es Frieda von Richthofen ähnlich, als ihr Lawrence die Schönheit eines Enzians erschloß.

Nach dem dreimonatigen, vergeblichen Versuch, in einer Fabrik in Nottingham zu arbeiten, nach dem Tode seines Bruders William Ernest und der gefährlichen Krankheit, der er selber beinahe zum Opfer gefallen wäre, begann sich Lawrence ganz auf den Umgang mit der Familie Chambers zu konzentrieren. Man kann den Wert dieser Bekanntschaft in Lawrences Leben gar nicht überschätzen. Sie befreite ihn von der Enge Eastwoods und seines eigenen Elternhauses und entwickelte seine besten Anlagen. Leider vermochte die Freundschaft mit Jessie nicht die enge Fessel zu lockern, die Lawrence an seine eifersüchtige und puritanische Mutter band. Es wurde mit der Zeit immer deutlicher, daß Mrs. Lawrence ganz bewußt allen äußeren Einflüssen, denen ihr Sohn ausgesetzt war, entgegenarbeitete, daß sie vor allem gegen die aufkeimende Liebe zwischen ihrem Sohn und Jessie ankämpfte. Sie wollte oder konnte nicht einsehen, daß sich hier nicht einfach zwei junge Menschen rein körperlich zueinander hingezogen fühlten, sondern daß darüber hinaus die jüngere Frau auch für Lawrences geistige Entwicklung ein wichtiger Faktor war. Viel

Wald auf dem Weg zu «The Haggs»

mehr als je von seiner Mutter, wurde Lawrence von Jessie in seiner Lektüre beeinflußt. Mehr als seine Mutter es je hätte tun können, spornte ihn Jessie mit ihrer großen Einfühlungsgabe zum Schreiben an.

Als Lawrence die Familie Chambers näher kannte, machte er seinen ganzen Einfluß geltend, um Jessie von der Sklaverei der Haus- und Küchenarbeiten zu befreien; sie konnte auf die Schule zurückkehren, wo sie schließlich ihr Lehrerdiplom erlangte. Es gab in Eastwood ein Leihbücherei für Handwerker. Als Lawrence sechzehn und siebzehn Jahre alt war, entliehen Jessie und er hier ihre Bücher, die sie dann in einer Art «Leserausch» miteinander lasen und besprachen. Ihre Gespräche waren nicht Kritik im eigentlichen Sinne, sondern «lebendiges Nachschaffen des Gelesenen», berichtet Jessie Chambers. Ebendies war es, was Lawrences späteren Buch-Rezensionen und vor allem seinen *Aufsätzen über die klassische amerikanische Literatur* Reiz und Frische gab. Sein geplantes Werk über Thomas Hardy mißlang, weil er von dieser Arbeit des Nachschaffens abkam und zwar gescheites, aber nicht zur Sache gehöriges Zeug nach der Art Ruskins schrieb. Er gibt selbst zu, daß sein Aufsatz *über alles mögliche, nur nicht über Hardy* handelte.

Jessie muß entweder ein außerordentliches Gedächtnis besessen oder eine Liste geführt haben, denn in ihrem Buch über Lawrence gibt sie nicht nur die Bücher an, die sie und Lawrence gemeinsam lasen, sondern auch das, was Lawrence allein las. Die Liste ist interessant, weil sie zeigt, welche Bücher in den ersten zehn Jahren unseres Jahrhunderts unbemittelten jungen Leuten der Arbeiterklasse zur Verfügung standen; und dann natürlich auch, weil wir Aufschluß erhalten über Lawrences geistige Entwicklung. Am Anfang dieser Liste stehen fast kindliche Bücher wie Alcotts «Little Women», die Romane von Anthony Hope und Walter Scott. Gedichte von Tennyson und Longfellow pflegte Lawrence laut vorzulesen. Eine Zeitlang gerieten die beiden in den Bann der Romane von Dickens. Dann kam eine Art geistiger Rückschritt mit Fenimore Cooper, R. L. Stevenson und «Lorna Doone». Bemerkenswert ist, daß Lawrence sich mit Dickens' David Copperfield identifizierte und daß ihn George Eliots «The Mill on the Floss» und Charlotte Brontës «Jane Eyre» tief erschütterten. Emily Brontës «Wuthering Heights» regte ihn so sehr auf, daß er Jessie das Versprechen abnahm, es nicht zu lesen. Aufmerksame Leser von Lawrences ersten Romanen werden schwache Anklänge an diese drei Romane in ihnen finden.

Man darf nicht vergessen, daß Lawrence und Jessie Chambers damals noch junge Menschen waren; ihr Horizont erweiterte sich, als sie Palgraves Anthologie der englischen Lyrik und außerdem Blake, Shelley, Shakespeare, Bacon, Lamb, Emerson, Thoreau und Carlyle lasen. Mit stilistischem Feingefühl erkannte Lawrence schon als Achtzehnjähriger, daß Carlyles sklavische Nachahmung der deutschen Autoren ein Fehler war, weil dadurch sein Stil fast zur Parodie wurde.

D. H. Lawrence an seinem 21. Geburtstag (1906)

Im Frühjahr des Jahres 1905, als Lawrence sich als Neunzehnjähriger auf den Lehrberuf vorbereitete, eröffnete er Jessie, daß sie beide Schriftsteller werden und *mit Gedichten anfangen* wollten. Bezeichnenderweise war jedoch das erste Manuskript, das er ihr zeigte, kein Gedicht, sondern der Anfang eines Romans, der nach vielen Umformungen und Neufassungen der Roman *The White Peacock* wurde. Bald danach begeisterten sie sich für französische Literatur, nachdem sie soweit Französisch gelernt hatten, daß ihnen die Lektüre im Original Spaß machte. Lawrence bewunderte Loti und Maupassant sehr; besonders intensiv aber beschäftigte er sich mit «La Peau de Chagrin» von Balzac und mit «Madame Bovary» von Flaubert. Daudets «Lettres de mon moulin» machten ihm großen Spaß, aber natürlich konnte er sie nicht voll würdigen, weil er Südfrankreich nicht kannte. Später schätzte Lawrence Flaubert gar nicht; deshalb ist es bemerkenswert, daß er ihn als junger Mann so sehr bewunderte. Jessie berichtet außerdem, daß Lawrence ihrem Bruder Vergils «Georgica» vorlas, indem er den lateinischen Text übersetzte. Zur gleichen Zeit las er Ruskin; Jessie Chambers berichtet, daß Thomas Hardy «von früher Kindheit an in unserem Haus gelesen wurde». Ruskin, Hardy und Whitman behielten ihren Einfluß auf Lawrence. «Whitmans ‹Leaves of Grass› war eines seiner Lieblingsbücher.»

Die weitere Lektüre dieses «ungebildeten» jungen Mannes schloß Autoren wie Meredith, Borrow, Wilde und Synge ein; dann folgte eine wissenschaftlich-philosophische Periode mit Schopenhauer, Nietzsche, Renan, Huxley, Darwin, Haeckel, Locke, Berkeley, Spencer, Mill, James. Jessie und er lasen Browning und Charles Doughty, Swinburne und Francis Thompson, Ibsen, Maeterlinck, Dostojevskij, Tolstoj, Turgenjev und Gorki. Ihre große Bewunderung galt Verlaine und Baudelaire; Verlaines Einfluß ist in Lawrences frühen Gedichten deutlich spürbar.

Man wird bemerken, daß Thomas von Aquin, Aristoteles und Paul Elmer More nicht auf dieser Liste stehen; das ist vielleicht der Grund, warum Lawrence in gewissen Kreisen immer noch als «ungebildeter» Schriftsteller verschrien ist. Dabei erstreckte sich seine Lektüre auch noch auf die deutsche Literatur, besonders nachdem er Frieda von Richthofen kennengelernt, und auf die spanische und italienische, nachdem er sich durch seine Reisen auch diese Sprachen angeeignet hatte. Als Lawrence im Jahre 1919 für immer aus England fortging, überließ er mir sein Landhaus in Berkshire – als Dank dafür, daß ich ihm im Jahre 1917, als er von der englischen Polizei verfolgt wurde, meine Wohnung in London zur Verfügung gestellt hatte. Bevor er Berkshire verließ, hatte er seine Bücher an die Universität Reading verkauft, die jedoch die deutschen, französischen und italienischen Werke nicht hatte haben wollen; sie waren zurückgeblieben. Ich erinnere mich, wie sehr es mich amüsierte, die «Fioretti» von Franz von Assisi neben dem «Decamerone» zu sehen.

The White Peacock, der erste von Lawrences wildwüchsigen, aber leidenschaftlichen und lebendigen Romanen, hieß zunächst *Nethermere*; und nur schrittweise und durch geduldiges Umformen wurde aus der ersten «märchenhaften und unwirklichen» Geschichte der Roman, wie wir ihn heute kennen. Der junge Lawrence – schließlich war er sehr jung, als er die erste Fassung von *The White Peacock* schrieb – brauchte lange, bis er als Schriftsteller sich selbst fand. Zur gleichen Zeit begann er damals, seine Anlagen als lyrischer Dichter zu entwickeln. Von Jessie Chambers wissen wir, daß sein seltsames Gedicht *Love on the Farm* eine Art gedrängte Zusammenfassung der ersten Form des Romans *The White Peacock* ist. Da das Gedicht ziemlich handfest und sogar sadistisch ist, kann man kaum glauben, daß sein romanhaftes Gegenstück «märchenhaft und unwirklich» gewesen sein soll. Allerdings klärt uns Jessie darüber auf, daß die Gestalt Annables, des Wildhüters, erst in der zweiten Fassung des Romans erschien und daß Annable, so wie er zuerst dargestellt war, wegen seiner «zynischen Brutalität» abstoßend auf sie wirkte. Lawrence erklärte ihr, daß er die Gestalt als *eine Art Gegengewicht* in seinem Roman für nötig halte, sonst sei das Buch *zu sehr Lawrence*. Später veränderte er die Gestalt erheblich.

Jessie Chambers bemerkt, daß die Person des Annable in *The White Peacock* der erste der vielen Wildhüter ist, die in Lawrences Werken vorkommen und von denen die bedeutendste wohl die Figur des Mellors in *Lady Chatterley's Lover* ist. Woher, so fragt sie, kommt diese «Besessenheit, Wildhüter darzustellen»? Annable, ebenso wie die Gestalt des Sisson in einer der frühen Kurzgeschichten, muß sein Vorbild in der Wirklichkeit gehabt haben. Der Wildhüter wurde eine häufig vorkommende Figur, weil Lawrence seit seiner Bekanntschaft mit Frieda von Richthofen zwar nicht von Wildhütern, wohl aber von dem Gedanken besessen war, die Dramatik einer Liebesbeziehung zwischen einem Mann aus der Arbeiterklasse und einer Frau aus der Aristokratie darzustellen. Nun wird aber in einer klassenbewußten Gesellschaft der Leser eine Frau aus den Oberschichten, die sich mit ihrem Chauffeur, ihrem Stallknecht oder sonst einem dienstbaren Geist einläßt, weniger als Heldin denn als Törin ansehen. Der Wildhüter, der nicht eigentlich zum Dienstpersonal gehört und außerdem sehr zurückgezogen lebt, half Lawrence aus dieser Verlegenheit, vor allem auch deshalb, weil er bei solch einem Mann durchblikken lassen konnte, daß er einmal bessere Tage gesehen habe und nur durch Irrtum oder Schicksalsschläge in diese abhängige Stellung geraten sei. Der Klassenunterschied, der in unserem snobistischen kleinen England immer noch eine so große Rolle spielt, quälte Lawrence. Er schrieb einmal an einen Freund, die Bedeutung der Klassenzugehörigkeit in England könne gar nicht überschätzt werden. Und das Klassenbewußtsein bringt einen Mißton in die Darstellung der meisten Personen in *The White Peacock*. Die Vorbilder zu diesen Personen gehörten alle der Arbeiterklasse an, aber Lawrence versucht, ihnen das vornehme Gehabe zu ge-

Jessie Chambers, 1906

ben, das nach seiner Meinung ein Kennzeichen des Bürgertums ist. Bei der Darstellung einer so bürgerlichen Gestalt wie der Mutter eines Bergwerksbesitzers macht er zum Beispiel den Fehler, sie sagen zu lassen: *«Na, denn woll'n wir man Tee kochen!»* Seine Mutter und die anderen Bergmannsfrauen würden so gesprochen haben, nicht aber eine «Dame».

Das in dem Roman *The White Peacock* ganz anders behandelte Thema erfährt in dem Gedicht *Love on the Farm* eine dichterische Interpretation, die der folgende, auch von Jessie Chambers zitierte Auszug verdeutlicht:

I hear his hand on the latch, and rise from my chair
Watching the door open; he flashes bare
His strong teeth in a smile, and flashes his eyes
In a smile like triumph upon me; then careless-wise
He flings the rabbit soft on the table board
And comes towards me: ah! the uplifted sword
Of his hands against my bosom! and oh! the broad
Blade of his glance that asks me to applaud
His coming! With his hand he turns my face to him
And caresses me with his fingers that still smell grim
Of the rabbit's fur! God, I am caugh in a snare!
I know not what fine wire is round my throat;
I only know I let him finger there
My pulse of life, and let him nose like a stoat
Who sniffs with joy before he drinks the blood.

And down his mouth comes to my mouth! and down
His bright dark eyes come over me, like a hood
Upon my mind! his lips meet mine, and a flood
Of sweet fire sweeps across me, and so I drown
Against him, die, and find death good.

Ich hör seine Hand auf der Klinke, springe von einem Stuhl auf
und seh,
wie die Tür sich öffnet;
Er läßt seine kräftigen Zähne in einem Lächeln aufblitzen, und seine
Augen
glänzen wie im Triumph über mich; achtlos wirft er
das erlegte Kaninchen auf den Tisch;
Nun tritt er auf mich zu, seine Hand
wie ein gezogenes Schwert auf meine Brust gerichtet, und, ach,
diese Klinge des Blicks, fordernd,
daß ich ihn freudig Willkommen heiße!
Seine Hände wenden mein Gesicht zu ihm hin, und er streichelt mich

mit Fingern, die noch den scharfen Geruch des Kaninchenfells tragen!
O Gott, in was für Schlingen verfing ich mich!
Und ich weiß nicht, welch feiner Draht meine Kehle umschnürt;
weiß nur, daß mein Hals von seinen Fingern berührt wird,
der wie ein Wiesel wittert,
das vor Gier erbebt, bevor es vom Blut trinkt.

Und sein Mund neigt sich herab zu meinem Mund;
seine dunkel glänzenden Augen nehmen mich in ihre Hut;
seine Lippen berühren die meinen, und eine Woge
süßen Feuers fährt über mich hinweg ... ich taumle
gegen ihn und sinke und sehne mich, unterzugehn.

Lawrences Jugend war eine Zeit voller Spannungen. Während er gegen seine Krankheit ankämpfte, mußte er sich auf die Prüfungen vorbereiten. Vor allem nahm ihn natürlich das intensive Verhältnis zu Jessie in Anspruch. Als genügte das nicht, litt er unter der krankhaften Eifersucht, die seine Mutter Jessie entgegenbrachte. Um der Gerechtigkeit willen müssen wir zugeben, daß Lawrence seiner Mutter sehr viel verdankt. Ihr Verdienst ist es, daß der Sohn an seiner Begabung nicht irre wurde, als ihm ganz Eastwood mit brutaler Feindseligkeit entgegentrat. Ihrer Selbstaufopferung und ihrer Charakterstärke ist es zu danken, daß Lawrence die Erziehung und Bildung erhielt, die er für seinen Beruf als Schriftsteller brauchte. Aber dennoch dachte sie nur an sich. Da sie ihren Mann innerlich schroff ablehnte, versuchte sie, alle Gefühle des Sohnes auf sich zu konzentrieren und begehrte gegen die erwachende Liebe des jungen Mannes zu Jessie heftig auf. Sie war nicht zufrieden mit der Rolle einer tröstenden und sich aufopfernden Mutter – sie wollte die ungeteilte Liebe ihres Sohnes.

Als mit der Zeit das Leben und das Werk von D. H. Lawrence der Forschung zugänglich gemacht wurden, waren diejenigen, die sich damit beschäftigten, mit Recht immer wieder entsetzt über die hoffnungslos falsche und schwierige Lage, in die der Egoismus seiner Mutter Jessie und ihn trieb. Es würde in diesem Rahmen zu weit führen, die Einzelheiten des unglücklichen und fast schmutzigen Duells zu beschreiben, in dem das unerfahrene Mädchen von der älteren Frau besiegt wurde. Wir müssen hier auf die lebensvollen Seiten in *Sons and Lovers* verweisen, obwohl der Konflikt dort mit zu viel Parteinahme für die Mutter dargestellt ist. Verhaltener klingt dasselbe Thema auch in anderen Werken von D. H. Lawrence an.

Im Jahre 1908, das heißt im Alter von 23 Jahren, verließ Lawrence seine Geburtsstadt Eastwood, um in der Davidson Road School in Croydon, einem Vorort Londons, eine Stelle als Lehrer anzunehmen. Man muß sich immer vor Augen halten, daß der Ehrgeiz, den seine Mutter für ihn hegte, völlig materialistisch und auf alltägliche Dinge gerichtet war. Für seine Kunst hatte sie nie etwas übrig und die eigenartige Schönheit und Kraft seines Genius vermochte sie nicht zu fassen. Sie wollte, daß er «vorankomme», und in ihrer Sprache hieß das, er solle Geld verdienen. Man kann Mrs. Lawrence für diesen Materialismus nicht einmal tadeln, denn es war die anerkannt richtige Einstellung ihrer Umgebung. Aber es ist wohl leider auf ihren Einfluß und ihre Unwissenheit zurückzuführen, wenn Lawrence alle anderen Angebote mit geringerem Gehalt ablehnte und diese Schule wählte, weil, wie er glaubte, das Gehalt dort um ein weniges höher war. Leider erkannten er und seine Mutter nicht, daß das Gehalt der Schule in Croydon nur deswegen höher erschien, weil darin noch die Beträge enthalten waren, die für eine Krankenversicherung hätten verwendet werden müssen. Daß Lawrence dies nicht tat, rächte sich

Bergleute in Eastwood

später. Denn als er ein paar Jahre darauf wieder so ernstlich an Tuberkulose erkrankte, mußte der Schularzt ihm verbieten, weiter zu unterrichten, damit er die Schüler nicht anstecke. Wäre er ordentlich versichert gewesen, hätte er doch wenigstens eine Entschädigung, vielleicht sogar eine kleine Rente erhalten und die bitterste Armut hätte ihm erspart bleiben können.

Mrs. Lawrences Versuch, die Liebesbeziehung zwischen ihrem Sohn und Jessie mit allen Mitteln zu zerstören, ist ein typisches Beispiel für mütterliche Selbstsucht. Sehr religiöse Menschen sind häufig äußerst egoistisch, und zwar besonders dann, wenn sie sich in das Liebesleben ihrer Kinder einmischen. Der Beweggrund der Mutter war klar: sie wollte die Liebe ihres Sohnes blindlings an sich ketten; jede andere Frau war in dieser Hinsicht ihre Feindin. Jessie fühlte instinktiv, daß sich die Feindschaft der Mutter, die bis zu einem gewissen Grade auch von Lawrences Schwestern geteilt wurde, besonders gegen sie richtete. Aber jedem anderen Mädchen, für das Lawrence eine Vorliebe gezeigt hätte, wäre es ebenso ergangen; auch die Verlobte des älteren Bruders hatte ähnliches durchmachen müssen. Es ist bemerkenswert, daß Lawrences jüngere Schwester ausgehen durfte, soviel sie wollte, ohne daß die Mutter von ihr Rechenschaft über ihr Tun und Treiben verlangt hätte; Lawrence selbst jedoch wurde Abend für Abend eingehend über alles befragt, was er auf der Farm The Haggs, ja sogar auf dem Wege hin und zurück, gesagt und getan hatte.

Trotz allem weiß ich nicht, ob eine Heirat mit Jessie je einen so günstigen Einfluß auf Lawrence gehabt hätte wie seine Ehe mit Frieda von Richthofen. Dabei verkenne ich nicht, daß Jessie ihm am Anfang seiner Laufbahn sehr geholfen und ihn immer wieder zum Schreiben ermutigt hat. Und doch war sie trotz ihrer Qualitäten, ihrer Gescheitheit und Einfühlungsgabe nur ein Mädchen aus der englischen Provinz, geistig begrenzt und ohne Weltkenntnis. Wenn Lawrence sie geheiratet hätte, würde sie ganz sicher versucht haben, aus ihm einen auf respektable Weise erfolgreichen Dichter und Romancier, vielleicht sogar einen angesehenen Universitätsprofessor zu machen. Für Lawrences ketzerische Genialität hätte sie kein Verständnis gehabt.

Wer zwischen den Zeilen von Lawrences frühen Romanen zu lesen versteht, hat längst erkannt, daß er und Jessie Chambers doch einmal den Versuch gemacht haben, die Erfüllung ihrer Liebe zu erlangen. Das war damals für ein Mädchen aus der englischen Provinz eine schwerwiegende und gefährliche Tat, der äußerste Liebesbeweis. Es wurde ein Mißerfolg, und als Mann gab Lawrence natürlich Jessie die Schuld. Ich aber vermute, die Liebe zu seiner Mutter, die keine Nebenbuhlerin duldete, beherrschte ihn so sehr, daß er mit einem unerfahrenen Mädchen nie zu einer echten, erfüllten Liebesbeziehung kommen konnte, weil ein solches Mädchen in ihrer Angst und Schüchternheit viel zu ungeschickt war. Auch bei seinen

Bemühungen um andere Mädchen zeigte es sich, daß Lawrence einer vollen Vereinigung mit ihnen nicht fähig war. Erst eine mütterlich warmherzige, reife Frau wie Frieda von Richthofen konnte ihm volle Befriedigung schenken. Sie war auf dem Kontinent aufgewachsen und hatte nicht die Bedenken und Befürchtungen der unerfahrenen Mädchen. Wenn sie sagt, daß «Lawrence sie von all ihren seelischen Hemmungen befreite», hat sie ohne Zweifel recht. Ganz sicher aber wurde er durch sie von viel stärkeren Komplexen erlöst.

Der Tod der Mutter

Als Lawrence Eastwood verließ, um in Croydon seine Lehrstelle anzutreten, war er schon 23 Jahre alt. In diesem Alter sind die meisten Menschen längst ihrem Elternhaus und seiner Umgebung entwachsen. Jessie Chambers berichtet, der erste Brief, den Lawrence aus dem Vorort südlich von London an sie schrieb, habe so unglücklich geklungen wie ein «Schrekkensgeheul». Hier haben wir einen weiteren Beweis dafür, wie sehr sich sein Leben bisher um Eastwood und The Haggs konzentriert hatte. Er hatte diesen Bereich auch kaum je vorher verlassen, außer für kurze Fußwanderungen in die Umgebung mit Jungen seines Alters oder für einen kurzen Erholungsurlaub in Mablethorp an der Ostküste Englands. Jahrelang hatte sich Lawrence nach etwas gesehnt, das ihn aus seiner *tiefen Einsamkeit* reißen sollte. Jetzt, da er ins Leben geworfen wurde, war er zunächst verzweifelt. Ein so starkes Heimwehgefühl ist in diesem Alter ohne Frage selten.

Charakteristisch für die puritanisch-enge Lebensauffassung, die seine Mutter ihm vermitteln wollte, ist folgendes: Als er ihr mitteilte, daß in dem Haus, wo er ein Zimmer gefunden hatte, ein Kind sei, machte sie die Bemerkung: «Das freut mich. Es wird ihn ‹unschuldig› erhalten.» Es fiel ihr offenbar nicht ein, daß das Kind gar nicht existieren würde, wenn seine Eltern «unschuldig» geblieben wären.

Naturgemäß nahm von nun an Lawrences Tätigkeit als Lehrer den Hauptteil seiner Zeit in Anspruch. Die beiden Ereignisse jedoch, die für uns diese Zeit charakterisieren, sind seine Einführung in die literarische Welt als Schriftsteller und der Tod seiner Mutter, die nach langer, schmerzvoller Krankheit an Krebs starb.

Als Schriftsteller «lanciert» wurde Lawrence von Jessie Chambers. Bevor er von Eastwood abreiste, hatte Lawrence einige Arbeiten an einen Londoner Zeitungsmann geschickt. Dieser aber machte sich nicht einmal die Mühe, die eingesandten Artikel zu lesen, sondern ließ sie von seiner Frau zurückschicken. Lawrence ärgerte sich über diese herablassende Behandlung so sehr, daß er Jessie sagte, er werde überhaupt nicht mehr versuchen, etwas zu veröffentlichen. Jessie Chambers glaubte zu sehr an Lawrences Begabung, um diese Resignation zu teilen. Sie schrieb einige seiner ersten Gedichte und die Kurzgeschichte *Odour of Chrysanthe-*

Der Verleger William Heinemann

mums ab und sandte sie an Ford Madox Hueffer, den ersten Herausgeber von «The English Review».

Als sehr junger Mann war ich einmal Hueffers Sekretär, wenn auch ein paar Jahre nachdem Lawrence von ihm in die literarische Welt eingeführt war. Ich kann also meinen eigenen Eindruck von ihm wiedergeben; sein Vater, Franz Hueffer, kam aus Deutschland nach England, um den Ruhm Wagners zu verbreiten. In England heiratete er die Tochter des präraffaelitischen Malers Ford Madox Brown und blieb im Lande. Ford Hueffer war ein gutmütiger, freundlicher Mann mit einer echten Liebe zu Kunst und Literatur und mit einem nicht unbeträchtlichen schriftstellerischen Talent. Leider war er sehr eitel, eine Art Miniatur-Münchhausen, der unaufhörlich Geschichten erfand, um sich selbst zu verherrlichen. Seine literarischen Vorbilder waren der pompöse und prätentiöse Amerikaner Henry James und der viel kraftvollere und begabtere Joseph Conrad, mit dem er zusammengearbeitet hatte. – Nach einer erheblichen Pause – die Manuskripte wurden ihm im Juni 1909 geschickt, und Hueffer antwortete erst im August – bekamen Lawrence und Jessie Chambers einen Brief, in dem Hueffer vorsichtig andeutete, der junge Autor habe Talent, er möge ihn besuchen. Das Ergebnis war, daß Hueffer 1909 in «The English Review» fünf Gedichte von Lawrence abdruckte. Später erschienen andere Gedichte von Lawrence und einige seiner frühesten Geschichten in derselben Zeitschrift. Den Brief Hueffers nahm Lawrence der armen Jessie weg und schenkte ihn seiner Mutter.

Auf Hueffers Empfehlung schickte Lawrence im Dezember 1909 das Manuskript seines Romans *The White Peacock,* auf den Jessie und er viel Zeit und Fleiß verwandt hatten, dem Verleger Heinemann. Heinemann zögerte jedoch lange, bevor er den Roman annahm. Er wurde dann auch zuerst in New York gedruckt und erst später in London. Das Buch hatte einen bescheidenen Erfolg. An eine Neuauflage in England konnte erst zehn Jahre später gedacht werden. Lawrence hatte viel von seiner eigenen Jugend in dieses Buch gelegt. Er mischt darin alte Erinnerungen und neue Erfahrungen. Wir sprachen vorhin von dem Heimweh, das ihn in Croydon befiel. Folgende Stelle in *The White Peacock* schildert diesen Zustand (Norwood steht für Croydon):

In Norwood litt ich unsägliches Heimweh. Wochenlang lief ich in den Straßen des Vororts umher, vor mir das vertraute Bild von Nethermere ... Eine fremde Stimme in mir erhob sich und schrie nach dem Hügelpfad; wieder fühlte ich, wie die Wälder auf mich warteten, wie sie nach mir riefen und riefen ... und ich rief nach den Wäldern, aber der Raum von vielen Meilen war zwischen uns. Seit ich das Tal der Heimat verlassen habe, schreckt mich kein anderer Verlust. Nethermere war wie mein Haus gewesen. Der Himmel von Nethermere war das Dach über meinem Haupte, die Hügel von Nethermere waren meine Wände. Es schien mir damals, als ob ich zu Hause nur die Hand auszustrecken brauchte, um das Dach meines Tals zu berühren, den geliebten Himmel, dessen vertraute Wolken mich immer wieder besuchten, dessen Sterne mir treu waren, denn sie waren mit mir geboren, und dessen Sonne mich väterlich behütete. Aber jetzt waren selbst die Sterne mir fremd über dem Haupte, und selbst Orion, der Nacht für Nacht über den Wäldern gestanden hatte, um mit mir eine wundervolle Stunde zu verbringen, beachtete mich nicht mehr ...

Mich schreckt kein anderer Verlust ... Im August 1910, vielleicht ein Jahr nachdem er diese Zeilen schrieb, stellten sich die erschreckenden Vorzeichen eines viel größeren Verlustes ein, der ihn seelisch für lange Zeit zu Boden werfen sollte. Während eines Besuchs bei seiner Tante in Leicester war seine Mutter plötzlich zusammengebrochen und hatte gestanden, daß sie seit langem ein riesiges Krebsgeschwür in der Seite habe. Lawrence scheint sich zunächst eingeredet zu haben, daß der Tumor nicht bösartig sei und daß es dem Arzt gelingen würde, ihn «wegzuätzen». Wenn Lawrence wirklich dieser Meinung war, dann nur so lange, bis ihm ein Spezialist eröffnete, daß der Fall hoffnungslos sei. Man konnte nichts für Mrs. Lawrence tun, als ihr Opiate zu geben und auf baldige Erlösung zu hoffen.

Mehr als drei Monate lang, von Ende August bis Anfang Dezember, erlebte Lawrence das Sterben seiner Mutter mit. Der unsägliche Schmerz, den er verspürte, hat in *Sons and Lovers* dichterische Gestalt gewonnen, ebenso in einigen Gedichten und Briefen. Sogar in einer der Kurzgeschichten finden wir folgende bitteren Worte:

Das Leid brach über ihn herein wie ein physischer Schmerz. Er krampfte die Hände um das Gitter, biß sich auf die Lippen, flüsterte «Mutter». Es war ein grausamer, schneidender, physischer Schmerz, er kam in Stößen, die so stark waren, daß er sich kaum aufrecht halten konnte. Er wußte nicht, woher dieser Schmerz kam; er wußte nicht, warum er kam ... Die ganze Flut seiner Seele sammelte sich im Unbewußten, drängte dem Tode zu und riß ihn mit; all das Stückwerk seiner Gedanken und seines Wissens wurde weggeschwemmt, die Woge eilte dem Punkt entgegen, an dem sie sich brach, und trug ihn weiter, als er je gewesen war.

Während jener trüben Zeit gab Lawrence Unterricht an der Schule in Croydon, doch bekam er Sonderurlaub, um seine sterbende Mutter zu pflegen. Die soeben zitierte Stelle kann nicht in Eastwood oder Croydon geschrieben sein, da sie einer der Kurzgeschichten entnommen ist, aber in einem Brief beschreibt Lawrence sich, wie er am Bett der Mutter sitzt, wie er aufsteht und über den Garten, in dem der Regen tropft, hinausblickt auf das Dorf mit dem fernen Kirchturm, wie er bitter bei sich denkt: *So also sieht Gottes Ratschluß aus.* – Als er später beim Schreiben von *Sons and Lovers* diese Erfahrungen noch einmal durchlebte, zeigte es sich, daß der Schmerz inzwischen nicht gemildert war. Die zu der Zeit geschriebenen Gedichte spiegeln Lawrences Verstörung und Schmerz. Ich zitiere hier *Endless Anxiety,* das offenbar in Croydon entstanden ist.

The hoar-frost crumbles in the sun,
The crisping steam of a train
Melts in the air, while two black birds
Sweep past the window again.

Along the vacant road a red
Telegram-bicycle approaches; I wait
In a thaw of anxiety, for the boy
To leap down at our gate.

He has passed us by; but is it
Relief that starts in my breast?
Or a deeper bruise of knowing that still
She has no rest.

Der Rauhreif zerfällt in der Sonne,
der gekräuselte Rauch des Zugs
schmilzt in der Luft; ich sehe zwei schwarze
Vögel wieder am Fenster vorbeiziehn.

Der leeren Straße entlang nähert sich
das Fahrrad des Telegrafenboten, ich schau,
vor Erwartung zergehend, ob der Junge
vor unserer Pforte absteigt.

Er ist vorübergefahren, ist es nun
Erleichterung, die mein Herz spürt?
Oder bereitet ihm der Gedanke,
daß es noch immer nicht Ruh hat, tiefere Qual?

Schon vor dem Erscheinen von *The White Peacock* wurde ein Exemplar des Romans vom Verlag gebunden und Lawrences Mutter zugeschickt. Es gibt eine Fotografie von ihr, wie sie, in Decken gehüllt, im Garten sitzt und das Buch ihres Sohnes in der Hand hält. Wenn er gehofft hatte, daß seine Mutter das Buch mögen würde, so wurde er enttäuscht. Vielleicht war sie dem Tode schon zu nahe, um überhaupt eine Regung zu zeigen; es ist jedoch viel wahrscheinlicher, daß sie aus Puritanismus das Buch verdammte, das heute so harmlos scheint, damals jedoch als «extrem» und «gewagt» galt, sogar bei denen, die sich selbst für «extrem» hielten. Lawrence meinte, seine Mutter mißbillige sein Buch, weil sie nicht glauben mochte, ein so unbedeutender Mensch wie ihr Sohn könne ein gutes Buch schreiben. Anderen gegenüber hatte Mrs. Lawrence geäußert, das Buch gefalle ihr nicht, und ihre Betrübnis darüber bekundet, daß ihr Sohn ein solches Buch geschrieben habe.

Als endlich der Tod ihrem Leiden ein Ende machte, schrieb Lawrence folgendes Gedicht:

My love looks like a girl to-night,
But she is old.
The plaits that lie along her pillow
Are not gold,
But threaded with filigree silver,
And uncanny cold.

She looks like a young maiden, since her brow
Is smooth and fair;
Her cheeks are very smooth, her eyes are closed,
She sleeps a rare,
Still, winsome sleep, so still, and so composed.

Nay, but she sleeps like a bride, and reams her dreams
Of perfect things.
She lies at last, the darling, in the shape of her dream,
And her dead mouth sings
By its shape, like thrushes in clear evenings.

Meine Liebste sieht heute nacht wie ein Mädchen aus,
Doch sie ist alt. Auf dem Kissen die Zöpfe, sie sind
Nicht mehr golden, aber durchwirkt mit silbernem Filigran
Und sonderbar kühl.

Einem jungen Mädchen gleichet sie, deren Stirn
So glatt und voll Glanz ist.
Ihre Wangen sehr sanft, ihre Augen geschlossen, sie liegt
Ruhig in seltsamem, lieblichem Schlaf, so still und gelassen.

Eine Braut, so schläft sie und träumt ihren Traum
Von vollkommenen Dingen.
Eingeschlossen im Traume liegt meine Liebste,
Und ihr toter Mund
Wie Gesang der Drosseln an klaren Abenden.

Die Bedeutung dieses Gedichts ist unmißverständlich. Denn auch Jessie Chambers berichtet, daß Lawrence ihr auf dem Weg zur Beerdigung in äußerster Erregung gestanden habe, daß er seine Mutter nicht wie ein Sohn, sondern wie ein Geliebter angebetet habe.

Den Roman *Sons and Lovers* schrieb er, als Frieda von Richthofen seine Geliebte geworden war und er durch sie die Theorien Sigmund Freuds kennengelernt hatte. Freuds Einfluß ist in diesem Roman wie auch in anderen Werken Lawrences deutlich spürbar. Da Lawrence und seine Mutter fast ein Musterbeispiel für die Mutter-Sohn-Bindung sind, hätte es nicht mit rechten Dingen zugehen müssen, wenn Lawrence auf Freuds Lehre nicht angesprungen wäre. Andererseits haben diejenigen, die die tragische Verwicklung Lawrence–Mutter–Mädchen nur aus dem Roman *Sons and Lovers* kennen, verständlicherweise geglaubt, er habe diesem Werk bewußt ein psychoanalytisches Air gegeben. Nun war jedoch, wie man es anderen seiner Werke und dem Zeugnis von Jessie Chambers, von Freunden und Verwandten klar entnehmen kann, die Situation nur allzu wirklich, und obwohl Freuds Einfluß dazu beitrug, daß Lawrence sie viel klarer erkannte, so wäre das Grunderlebnis genau dasselbe gewesen, wenn Lawrence Freud nie kennengelernt hätte.

Der Tod seiner Mutter war die dritte Phase in Lawrences Bruch mit Eastwood. Die erste war der Bruch mit Jessie gewesen. Zwar traf Lawrence Jessie nach dem Tod seiner Mutter; ihr Einfluß auf ihn und sein Werk blieb noch für eine Zeitlang beträchtlich, jedoch mußte es ihm nach der großen Aussprache zwischen ihnen, einer Szene, die er in *Sons and Lovers* schildert, völlig klar sein, daß sie niemals Mann und Frau werden könnten. Wenn wir der stilisierten Darstellung im Roman glauben können, hatte Lawrence ihr schonungslos gesagt, daß er von ihr *los wollte*: *Ich will nicht heiraten. Ich werde niemals heiraten. Und wenn wir nicht heiraten wollen, dann hat es keinen Zweck, weiterzumachen.* Daß er nie heiraten wollte mag damals seine Überzeugung gewesen sein; aber wir wissen, daß er während seiner Zeit in Croydon Liebeleien mit anderen Mädchen hatte, daß er sich sogar mit einem dieser Mädchen, das Louie hieß, verlobte. Später beschreibt er in einem Brief, wie seine Schwester einmal sehr böse auf ihn war, als sie ihn auf einer Gesellschaft dabei überraschte, wie er eine ihrer Freundinnen *wie verrückt* küßte.

Die zweite Phase in dem oben erwähnten Bruch war natürlich die Tatsache, daß Lawrence von Eastwood nach Croydon ging. Damals muß auch die Entfremdung zwischen Lawrence und der Familie Chambers begonnen haben, die ihn vorher so warm willkommen geheißen und so zärtlich geliebt hatte und die nun zu fühlen begann, daß er in Bereiche eindrang, in die sie ihm nicht folgen konnte; sie wertete sein Fortgehen als Verrat.

Dann kam der Tod seiner Mutter, und der Bruch mit Eastwood war vollendet. Es folgte ein Jahr der größten seelischen Not, darauf die schon erwähnte gefährliche Krankheit, die ihn an den Rand des Grabes brachte und ihm den Lehrerberuf für immer verschloß. Der Tod der Mutter befreite ihn nicht von ihr; davon zeugen verzweifelte «Liebesgedichte», die er Monate nach ihrem Tod an sie richtete.

Noch vor dem Tod der Mutter hatten andere Erfahrungen Lawrence die Idee zu seinem zweiten Roman *The Trespasser* eingegeben. Die Fabel des Romans ist die Geschichte einer unglücklichen Liebe, die tragisch endet; sie wurde Lawrence von einer Schulkollegin, Helen Corke, erzählt. Jedoch sind auch die Eindrücke verarbeitet, die Lawrence von einem Sommerurlaub auf der Insel Wight mitbrachte. In gewisser Beziehung ist die Insel einer der «Charaktere», vielleicht sogar der Held des Romans, denn der Zauber dieses Buches beruht zum großen Teil auf der unvergeßlichen lebendigen Schilderung der Insel und ihrer Schönheiten. Man mag finden, daß der «Hintergrund» des Helden dieses Romans, Siegmund, ein wenig unwahrscheinlich anmutet; es fällt jedenfalls schwer, zu glauben, daß Siegmund eine Frau und Kinder hat, die er um

Die Mutter, das erste Buch des Sohnes in der Hand, kurz vor ihrem Tode

des Mädchens willen verrät. Das liegt daran, daß Lawrence hier etwas darstellt, was außerhalb seines Erfahrungsbereichs liegt. Siegmunds Frau und Kinder symbolisieren nur die Familie, die ihn und seine Liebesbeziehungen ablehnt. Das Mädchen jedoch ist mit meisterhafter Glaubwürdigkeit gezeichnet. Diese Gestalt sichert dem Roman *The Trespasser* seinen Platz zwischen *The White Peacock* und *Sons and Lovers,* dem ersten gelungenen Meisterwerk Lawrences.

Der erste Entwurf von *Sons and Lovers* gefiel Lawrences Mentor, F. M. Hueffer, gar nicht. Hueffer sagte, das Werk habe «alle Nachteile eines englischen Romans», es «behandle nur ein Thema» und sei außerdem – leider – «erotisch». Der Verleger Heinemann erklärte ebenfalls, der Roman gefalle ihm nicht, aber er werde ihn herausgeben. Er blieb bei diesem

Jessie Chambers, 1915

Vorhaben, auch als Hueffer geltend machte, die Veröffentlichung des Romans könnte Lawrences Ruf schaden. Über so viel Herablassung erbost, entschloß sich Lawrence, das Buch zurückzuziehen.

Während alles dies geschah, trug Lawrence an dem Schmerz über den Tod der Mutter:

Spare me the strength to leave you
Now you are dead.

Erspar mir die Kraft, dich zu verlassen,
nun, da du tot bist.

Dies schrieb er, als er an ihrem Sarg wachte. Aber auch in den unglücklichen folgenden Monaten finden wir unter seinen Gedichten Schmerzensschreie wie diesen: *Der Abschied hat mir die Sinne geraubt* ... oder: *Seit ich dich verlor, schreckt mich die Stille* ... Oder er blickt zurück in die Erinnerung:

I was watching the woman who bore me
Stretched in the brindled darkness
Of the sick-room, rigid with will
To die ...

Ich sah die Frau, die mich gebar
hingestreckt in das fleckige Dunkel des Krankenzimmers,
starr in dem Willen, zu sterben ...

Der grenzenlose Schmerz über den Tod der Mutter, die unbefriedigenden Beziehungen zu Mädchen, die anstrengende Arbeit als Lehrer, seine schriftstellerischen Bemühungen und seine sehr ausgedehnte Lektüre: es war zu viel für ihn. Kein Wunder, daß er etwa ein Jahr nach dem Tode seiner Mutter ernstlich erkrankte, an einer beiderseitigen Lungenentzündung, die sich als tuberkulös erwies. Er war dem Tode sehr nahe – eine Lösung, die er in verzweifelter Stimmung manchmal ersehnt hatte, weil er meinte, er werde dann mit seiner verstorbenen Mutter wieder vereint sein. Eine Zeitlang pflegte ihn seine gute Freundin, Helen Corke, später seine Schwester Ada, die er in der Krise seiner Krankheit zu Tode erschreckte, als er behauptete, er könne, wenn er nur wolle, *in dieser Minute sterben.* Er starb nicht, aber die Krankheit nahm ihn so mit, daß man ihm schon ankündigte, er werde seinen Beruf als Lehrer aufgeben müssen. Vorerst wurde er auf einen kurzen Erholungsurlaub nach Bournemouth geschickt. Vor seiner Abreise besuchte ihn Jessie Chambers, die ihn «entsetzlich mager» vorfand, aber doch noch «wunderbar durchglüht von der reinen Flamme des Lebens».

Frieda

Während Lawrence sich langsam erholte, dachte er zunächst nicht daran, seinen Beruf als Lehrer aufzugeben, obgleich die Krankheit wirklich sehr schwer gewesen war. In einem Brief, den er kurz vor Weihnachten 1911 schrieb, spricht er davon, daß er eine Stunde aufgewesen sei, in einem Stuhl sitzend, *ein unheimliches, keineswegs angenehmes Erlebnis, wobei ich mich fühlte wie die sitzenden Statuen ägyptischer Könige.* Im selben Brief berichtet er, der Arzt habe ihm gesagt, er dürfe nicht wieder in die Schule zurück, wenn er nicht völlig schwindsüchtig werden wollte. *Aber er versteht das nicht. Ich werde nicht kündigen, sondern um einen langen Urlaub bitten. Wenn ich kein Geld mehr habe, kann ich immer noch zurück.* Er ging jedoch nie wieder zurück. Er brach mit der Schule, so wie er mit Eastwood völlig gebrochen hatte und wie er es auch mit Jessie Chambers bald tun sollte.

Inzwischen hatte Lawrence in dem Schriftsteller und Kritiker Edward Garnett, dem literarischen Berater des Londoner Verlegers Duckworth, einen neuen Förderer gefunden. Garnett hatte Lawrence in einem Brief um Kurzgeschichten gebeten, die in dem in Amerika erscheinenden «Century Magazine» veröffentlicht werden sollten. Garnett war ein guter und nützlicher Verbündeter. Er lud Lawrence in sein Landhaus ein und half ihm in großzügigster Weise mit einem Darlehen, das es Lawrence ermöglichte, zur Kur nach Bournemouth an die Südküste Englands zu fahren.

Während dieses Genesungsurlaubs im Januar 1912 war er nicht untätig. Er schrieb damals die gesamte, siebzigtausend Wörter umfassende zweite Version des Romans *The Trespasser,* die, jedenfalls nach seinem eigenen Urteil, eine gewaltige Verbesserung gegenüber der ersten darstellte.

Die meisten Lawrence-Kommentatoren ignorieren *The Trespasser* völlig, wohl deswegen, weil dieser Roman so wenig Material liefert für eine biographische Interpretation. Einer der besten Lawrence-Kritiker hat den Stil des Buches als «zähflüssig» abgetan; das scheint mir ein Fehlurteil zu sein. Der Stil ist lebhaft, fast fröhlich, man spürt darin die Freude über die nach schwerer Krankheit zurückkehrende Lebenskraft. Aus diesem wirklich schönen und zu Unrecht vernachlässigten Buch greife ich fast willkürlich eine Stelle heraus:

Edward Garnett

Ein gespanntes Schweigen breitete sich über allem aus. Helena glaubte fast, zu hören, wie die Sterne sich bewegten, so still war alles unter ihnen. Sie hatte keine Ahnung, woran Siegmund denken mochte. Er lag da, seine Arme fest um sie geschlungen. Dann hörte sie, daß sein Herz heftig pochte, und sie mußte an den dumpfen Klang von Salutschüssen denken. Es erregte in ihr einen Schauer aus Furcht und Faszination, dem sich ein Gefühl von Triumph beimischte. Siegmund war wie verwandelt, seine trübe Stimmung war von ihm gewichen, aber nun, wo er nicht mehr seinen nächtigen Gedanken nachhing, erschien er ihr seltsam und unbegreiflich. Sie war sich nicht darüber im klaren, was sie dachte oder empfand. Sie wußte nur, daß er stark war und daß sein Herz verlangend gegen ihre Brüste pochte, als ob ein Mann etwas erbitten wolle und doch fürchte, abgewiesen zu werden. Aber woher diese angespannte Begierde rührte, vermochte sie nicht zu ergründen. Es erschien ihr wie eine unerklärliche, unfaßbare Art von Besessenheit. Und doch war sie glücklich, frohlockte im Innern und spürte Triumph und Genugtuung. Aber dann fragte sie sich wieder, wo jener Mann sei, der er zehn Minuten zuvor gewesen war, und ihr Herz schlug ein wenig höher im Verlangen, um gleich darauf wieder beklommen zu stokken. Siegmund war so unbegreifbar. Dann wieder, wenn er seinen Kopf hob und ihren Mund fand, ging von seinen Lippen ein heißer Schauer auf sie über, ein süßer, brennender Schauer wie vom Wein, der sie ganz und gar erfüllte, so seltsam, daß sie nur noch eine sanfte rötliche Flamme war, die ihm entgegenloderte.

Ich finde es abwegig, den Stil dieser und vieler anderer schöner Stellen aus *The Trespasser* als «zähflüssig» zu bezeichnen. Meiner Meinung nach ist *The Trespasser* in allem der Vorläufer des Romans *Lady Chatterley's Lover,* nur jugendlicher, keuscher, poetischer, weniger bitter, weniger verzweifelt, mit keiner lehrhaften sexuellen «Botschaft» belastet. Wohl aber ist das Buch erfüllt mit echtem Sinn für Schönheit und erotische Leidenschaft.

Nach seinem Urlaub in Bournemouth fuhr Lawrence «heim» nach Eastwood. Auch von dort aus schrieb er ebenso oft und so freimütig an Garnett, wie er aus Bournemouth geschrieben hatte. Die Briefe dieser Zeit geben das Bild eines Menschen, der sich von dem späteren Lawrence in vielem sehr unterscheidet. Er scheint damals sorglos, ein wenig zynisch und den Mädchen zugetan gewesen zu sein. Aus dieser Zeit stammt sein Bericht von dem kleinen Skandal, den er verursachte, als er auf einer Gesellschaft die Freundin seiner Schwester küßte. In dieser sorglosen Stimmung kümmerte es ihn auch recht wenig, daß seine zeitweilige Verlobte, Louie, die Verbindung mit ihm wieder löste.

Eine andere Frau war ihm vom Schicksal bestimmt. Lawrence sehnte sich danach, zu reisen und die Welt zu sehen. Besonders stark fühlte er sich von Deutschland angezogen, teils weil er dort angeheiratete Verwandte besaß, teils weil im Jahre 1912 Deutschland bei den Engländern in Mode war, und dann wohl auch, weil er ein echtes Interesse an deutscher Kultur hatte. Er hoffte, daß er mit seinen Zeugnissen und seiner Erfahrung als Lehrer vielleicht eine Lektorenstelle an einer kleineren deutschen Universität erhalten könnte und wandte sich mit seinem Anliegen an seinen Englisch-Professor in Nottingham, Ernest Weekley.

Professor Weekley war der einzige Mann in Nottingham, der ihm eine Stelle in Deutschland hätte verschaffen können.

Er hatte in Deutschland studiert, unterhielt Beziehungen zu deutschen akademischen Kreisen und war mit einer schönen Deutschen verheiratet, Frieda von Richthofen, die im Jahre 1912 schon Mutter von drei kleinen Kindern war. Wären Friedas Eltern sich über die Tragweite ihrer Ent-

Frieda von Richthofen

scheidung im klaren gewesen, so hätten sie ihr wohl kaum erlaubt, einen Mann zu heiraten, der Professor an einer Universität der englischen Provinz war. Ohne Frage nahmen sie an, ein Professor sei in England eine ebenso geachtete Persönlichkeit wie in Deutschland. Nun war es aber in Wirklichkeit so, daß ein Professor, falls er nicht in Oxford oder Cambridge lehrte und «mit den richtigen Leuten bekannt war», keinerlei besondere Wertschätzung genoß.

Wie Frieda von Richthofen, die in Metz eine glückliche Jugend verbracht hatte, das Leben in einer Hintergasse von Nottingham ertrug, ist ein Geheimnis. Sie scheint ihre trüben Tage und Nächte durch Flirts mit Studenten und Dozenten ein wenig belebt zu haben, und einer ihrer Freunde eröffnete ihr den Zugang zu der damals neuen Lehre Sigmund Freuds. Es ist bekannt, daß sich Frieda Weekley und D. H. Lawrence ineinander verliebten und zusammen nach Metz (das damals zu Deutschland gehörte) durchbrannten, wo Friedas Vater gerade sein fünfzigjähriges Jubiläum als Berufssoldat feierte. Wenn wir Lawrences Genialität außer acht lassen, war die gemeinsame Flucht der beiden eine riesige Unverschämtheit. Eine anständige Frau läßt einen noch anständigeren Mann und drei kleine Kinder einfach nicht im Stich. Nach Friedas Bericht, so wie er später in ihrem Erinnerungsbuch gedruckt wurde, erscheint es ganz offensichtlich, daß sie in ihrer heftigen Neigung zu Lawrence die Initiative ergriff und ihn nach dem üblichen weiblichen Zögern dazu brachte, mit ihr davonzulaufen. Sie heirateten später, nachdem sie ihre Scheidung durchgesetzt hatte; doch diese Heirat war ein Tribut, den Frieda Lawrences Puritanismus zollte. Ihr war es gleichgültig, ob sie verheiratet waren oder nicht.

Ich habe es einmal gewagt, Frieda zu fragen, wie sie es übers Herz gebracht habe, um Lawrences willen drei kleine Kinder zu verlassen, die sie liebten und die sie brauchten. Sie antwortete mir damals: «Er verlangte es.» Das ist natürlich keine ausreichende Antwort. Ich fragte nicht weiter, weil ich sah, daß es ihr unangenehm war, sondern stellte ihr nur noch die Frage, wie ihr Vater, der Preuße und Aristokrat, die Sache aufgenommen habe. «Er sagte, es sei ein Fall von Atavismus», antwortete sie; woraus wir schließen müssen, daß die Frauen der Familie Richthofen im Mittelalter mit armen Minnesängern durchzubrennen pflegten. «Und sonst nichts?» fragte ich. – «Oh, doch, er sagte, ich benähme mich wie eine Kellnerin.» Hieraus ersah ich, daß Baron von Richthofen das Verhalten seiner Tochter in dieser komplizierten Lage doch nicht ganz gebilligt hat. Diese drei kleinen, mutterlosen Kinder! Es zerreißt einem das Herz, und ganz sicher hat der Gedanke an sie das Glück der Mutter beeinträchtigt, als sie mit ihrem rothaarigen Troubadour «atavistisch» durch die Welt zog.

Lawrence hat über diese wichtige und schmerzliche Krise seines Lebens keinen Bericht hinterlassen, obwohl er natürlich in den Briefen jener Zeit häufig darauf anspielt; sie liegt auch einer Anzahl von Gedichten zugrunde. Wenn die neue vollständige Ausgabe der Briefe von D. H. Lawrence veröffentlicht wird, sollte der Leser die Liebesbriefe an Frieda aus den Monaten April und Mai 1912 mit besonderer Aufmerksamkeit lesen. Die tiefe Zuneigung und innige Liebe, die aus ihnen sprechen, berühren einen tief. Bisher sind diese schönen Briefe nur in Frieda von Richthofens Buch über ihr Leben mit Lawrence erschienen, das eine Gedichtzeile von Lawrence zum Titel hat: *Not I, But the Wind*... Bei seinem Erscheinen wurde das wertvolle Erinnerungswerk von denselben englischen Zeitungsschreibern geschmäht und abgetan, die jetzt so eifrig und lügnerisch vorgeben, daß sie Lawrence stets bewundert und verteidigt haben. In Wirklichkeit wurde Lawrence zu seinen Lebzeiten und lange Jahre nach seinem Tode nur von einer Handvoll Freunde verteidigt, wo-

Frieda und ihr Sohn, 1901

fern man ihre Artikel überhaupt druckte; die Feindschaften und Vendettas, die damals entstanden, sind zum Teil noch nicht erloschen. Zu seinen Lebzeiten wurde Lawrence von den Engländern gehaßt.

Da Lawrence uns über seine Liebesgeschichte keinen Bericht hinterlassen hat, müssen wir uns an das halten, was Frieda von Richthofen erzählt, obwohl es mehr als dreißig Jahre später geschrieben worden ist. Sie beschreibt, wie er in ihr Leben trat und wie verwundert sie war, als er sie scharf tadelte, weil sie nicht wußte, wie sie den Gasofen ihrer eigenen Küche anzünden sollte. Ein wenig später ging sie mit ihren Kindern und Lawrence spazieren, und Lawrence, mit der tiefen Konzentrationsgabe, die ein Teil seiner Genialität war, machte Papierschiffchen für die Kinder und vergaß völlig die Anwesenheit ihrer schönen Mutter. «Plötzlich wußte ich, daß ich ihn liebte!» schreibt sie. Später, an einem Sonntag, als ihr Mann verreist war, sagte sie zu ihm: «Bleib heute nacht bei mir.» Und er antwortete: «Nein, nicht im Hause deines Mannes, während er fort ist. Aber du mußt ihm alles sagen, und wir gehen zusammen fort, denn ich liebe dich.»

Bedenkt man, daß Frieda dies selbst so erzählt, erscheint es nicht unfair, wenn man sagt, daß der entscheidende Anstoß von ihr kam. Wahrscheinlich hatte sie bis zu jenem Tag noch nie an einen so grundlegenden Bruch mit ihrem bisherigen Leben gedacht und es nie für möglich gehalten, daß sie ihren Mann und die drei kleinen Kinder um eines vagabundierenden Schriftstellers willen verlassen werde. Lawrences Willens- und Charakterstärke und die Tiefe seiner Gefühle überwältigten sie. Ihr Bericht fährt fort:

«Wir kamen in Metz an. Mein Vater feierte dort sein fünfzigjähriges Dienstjubiläum als Berufssoldat.

Deutschland vor dem Kriege: das Haus war voller Enkelkinder und anderer Verwandter, und ich wohnte in einem Hotel, in dem auch Lawrence wohnte. Es war eine hektische Zeit. Musikkapellen brachten meinem Vater Ständchen; ich bekam Telegramme über Telegramme aus England. Lawrence zog mich auf die eine Seite, meine Kinder auf die andere. Meine Mutter wollte, daß ich bei ihr bleibe. Mein Vater, der mich liebte, war ganz verzweifelt und sagte zu mir: ‹Mein Kind, was tust du? Ich habe dich immer für so vernünftig gehalten. Ich kenne die Welt.› Ich antwortete: ‹Ja, das mag sein; aber das Allerbeste hast du nie kennengelernt.› Und ich wollte das Allerbeste kennenlernen.»

Es ist bemerkenswert, daß Frieda in dieser Darstellung den «Atavismus» und die «Kellnerin» nicht erwähnt; ich bin jedoch ganz sicher, daß sie mir, lange bevor sie den Bericht schrieb, diese Worte als Aussprüche ihres Vaters wiedergab. Wie andere leidenschaftliche Frauen hegte Frieda großen Respekt und tiefe Liebe zu ihrem Vater, dem Soldaten, und war immer gern bereit, von ihm zu erzählen und von der strengen soldatischen Ordnung und Einfachheit, die in seinem Zimmer herrschte. Baron von Richthofen scheint ein Mann von wenig Worten gewesen zu sein. Frieda erzählte mir einmal, ihr Vater sei von der Größe und dem Reichtum Londons ganz überwältigt gewesen. «Was sagte er?» fragte ich. – «Oh, er sagte: ‹Diese verdammten Engländer!›»

Das etwas unbequeme Idyll in Metz fand ein plötzliches Ende, als Lawrence und Frieda bei einem Spaziergang von einem eifrigen Wachtposten

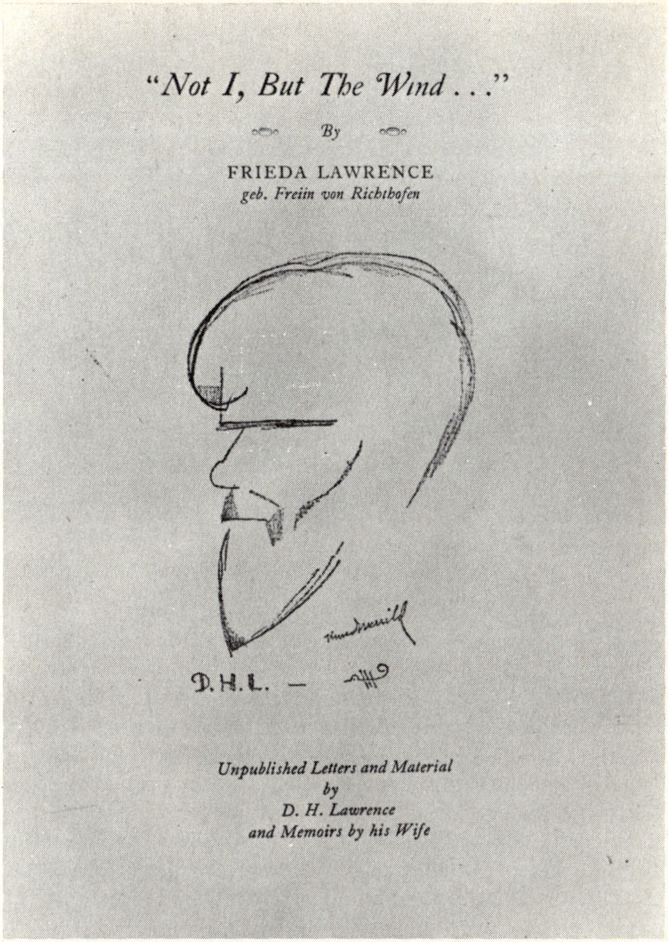
"Not I, But The Wind ..."

By

FRIEDA LAWRENCE
geb. Freiin von Richthofen

D.H.L. —

Unpublished Letters and Material
by
D. H. Lawrence
and Memoirs by his Wife

Titelblatt des Erinnerungsbuches von Frieda Lawrence

als Spione verhaftet wurden. Man hat den Wachtposten beschimpft, weil er fand, Lawrence sehe wie ein englischer Offizier aus. In der Tat sah er eher wie ein braver englischer Gefreiter aus; jedenfalls war das der Eindruck, den er auf mich machte, als ich ihn nur zwei Jahre nach diesem Ereignis kennenlernte. Um aus der Haft entlassen zu werden, wandte sich Frieda an ihren Vater, der naturgemäß darauf bestand, daß Lawrence

Alte Befestigungsanlagen in Metz

Metz verlassen sollte. Aus dieser Zeit der Trennung haben wir eine Fülle ungeduldiger Briefe von Lawrence an Frieda und an Garnett. Er fuhr ins Rheinland zu seinen Verwandten. Unterwegs mußte er in Honnef am Rhein umsteigen; während er auf dem Bahnhof herumsaß, schrieb er ein Gedicht, das nach seiner eigenen Aussage den Wendepunkt in seinem Leben bezeichnet: fort von Eastwood, von der Erinnerung an seine tote Mutter, von Jessie, von dem Lehrberuf und von den kleinen literarischen Cliquen in England. Was bleibt ist seine Liebe zu Frieda von Richthofen; vor ihm liegt die Zukunft voller Wagnisse, Wanderungen, Armut und die Entfaltung seines Genius unter dem Einfluß der Frau:

The little river twittering in the twilight,
The wan, wondering look of the pale sky,
This is almost bliss.

And everything shut up and gone to sleep
All the troubles and anxieties and pain
Gone under the twilight.

Only the twilight now, and the soft «Sh!» of the river
That will last for ever.

And at last I know my love for you is here;
I can see it all, it is whole like the twilight,
It is large, so large, I could not see it before,
Because of the little lights and flickers and interruptions,
Troubles, anxieties, and pains.
You ar the call and I am the answer
You are the wish and I the fulfilment,
You are the night and I the day.
. . . . . .

Honnef am Rhein

Das kleine Flüßchen, im Zwielicht zwitschernd,
Der bleiche, verwunderte Blick dieses Himmels
Sind fast schon die Seligkeit.

Und alles Beschlossene, alles Schlafende,
Alle Sorgen, Ängste und aller Gram
Sind im Zwielicht versunken.

Jetzt ist nur noch Dämmerung und das sanfte «Sch» des Flusses,
Das ewig währen wird.

Und da weiß ich, hier wohnt meine Liebe zu dir;
Ich kann sie erkennen, und sie gleicht der Dämmerung,
Grenzenlos ist sie, die ich früher nicht wahrnahm,
Wegen der kleinen Lichter, des Geflackers und der Unterbrechungen,
Sorgen, Ängste und Gram.

Du bist der Ruf und ich bin der Widerhall,
Du bist der Wunsch und ich das Gewähren,
Du bist die Nacht, der Tag bin ich.

Jedoch vorerst stand es keineswegs fest, ob Frieda ihm folgen oder ob sie nicht vielmehr unter dem Ansturm von Ermahnungen, Drohungen und Bittbriefen, Telegrammen und unter dem Einfluß ihres Vaters reumütig nach Nottingham in die Wohlanständigkeit zurückkehren würde.

Endlich trafen sie sich in München am letzten Freitag jenes ereignisreichen Monats Mai des Jahres 1912. Im Gasthaus «Zur Post» in Beuersberg, einem Dorf im Isartal, verbrachten sie ihre erste Woche zusammen.

Lawrence schrieb damals an eine Freundin, Mrs. Hopkin, in Eastwood: *Morgens frühstückten wir unter den dicken Roßkastanienbäumen, und die rotweißen Blüten rieselten auf uns herab. Der Garten befand sich auf einer Art Terrasse, hoch über dem Fluß, oberhalb des Wehrs, wo die*

Flöße aus Baumstämmen zu Tale trieben. Die Loisach – so heißt der Fluß – ist von einem blassen Jadegrün, denn sie kommt von den Gletschern her... Jeden Tag gingen wir lange, lange spazieren. Da gibt es Blumen, so viele Blumen, daß man vor Freude weinen könnte – Alpenblumen. Am Wasser wuchert Hahnenfuß, dessen Blüten wie große mattgoldene Luftblasen aussehen – dann Primeln, wie unsere Schlüsselblumen, nur violett – und fremdartige Sumpfveilchen und Knabenkraut. Unmengen von Glockenblumen gibt es hier, ein Gewirr von großen dunkelroten Hyazinthen, und eine Art Rittersporn, so üppig, und gelbe Wicken, und in den Wäldern Maiglöckchen. – Blumen überall in wildem Übermaß... Einmal waren wir oben in den Bergen und saßen an einem See. Wir hatten uns Friedas Ringe an die Füße gesteckt und hielten sie in das mattgrüne Wasser, um zu sehen, wie sie aussahen. Wir fahren auch manchmal nach Wolfratshausen, wo Friedas Schwester auf dem Berg über dem weißen Dorf ein Haus hat.

Trotz Schwierigkeiten, Leid und Armut war es ohne Zweifel eine glückliche Zeit für beide. Im August zogen sie nach Mayrhofen im österreichischen Tirol. Dort hatten sie Friedas Mutter und Edward Garnetts Sohn David zu Besuch. Anschließend machten sie eine Fußwanderung an den Gardasee, wo sie sich für den Winter in Gargnano einmieteten.

Inzwischen lernte Frieda, mit dem wenigen, was sie zur Verfügung hatten, zu wirtschaften, das heißt in Wirklichkeit wirtschaftete Lawrence. Von jeher auf sich selbst gestellt, war er es gewohnt, Hausarbeiten zu verrichten, und das tat er auch jetzt. Sie hatten nur etwa 15 Schilling pro Woche zur Verfügung und lebten von Roggenbrot, Eiern, Steaks und wilden Beeren, die sie sammelten. Das wirkliche «Haushalten» begann erst in Gargnano, wo sie das möblierte Erdgeschoß der Villa Igéa mieteten, mit Obstbäumen im Garten und Ausblick über den See; und «großen kupfernen Pfannen», die sie entzückten. Frieda gibt freimütig zu, daß sie Lawrence oft von seiner Arbeit wegrufen mußte, damit er den Eintopf oder das Gebratene vor dem Verderben bewahrte. Friedas erste große Wäsche war «eine Katastrophe». «Die Laken waren so groß und naß, und die Nässe war überwältigend. Der Fußboden der Küche war ein Meer, der Tisch überschwemmt, und ich triefte von Kopf bis Fuß.» Aber in wenigen Minuten hatte dieser Schriftsteller, in dem auch eine Hausfrau steckte, ihr geholfen und die Küche gewischt. Bald hingen die Laken friedlich zum Trocknen im Garten.

Ich verweile bei diesen scheinbaren Nebensächlichkeiten, weil sie in Wirklichkeit einen wichtigen Aspekt in Lawrences Haltung dem Leben gegenüber darstellen. Er haßte «Komfort» und die ganze Mechanisierung der täglichen Verrichtungen unter dem Vorwand, sie zu «erleichtern». Kochen, Saubermachen, sogar Waschen und Geschirrspülen gehörten für ihn einfach zum Leben dazu. Er fand, man solle diese Dinge nicht anderen überlassen, oder sie vermeiden, in dem man die Hebel teurer Maschinen bediente. Nach einiger Zeit teilte Frieda seine Ansichten; mehr als einmal war ich in späteren Jahren Zeuge, wie sie vor dem Waschzuber stand, und zwar war sie bei dieser Arbeit ebenso tüchtig und ganz gewiß fröhlicher als manches Bauernmädchen.

Trotz der beschränkten Verhältnisse, in denen die Lawrences lebten, trotz des häufigen Wohnungswechsels und der vielen Hausarbeit war diese Zeit eine der schöpferischsten Phasen in Lawrences Laufbahn als Schriftsteller. Ohne Hast, in regelmäßiger und konzentrierter Arbeit schrieb er Gedichte und zwei Theaterstücke und ein paar glänzende Reiseschilderungen. Gleichzeitig schrieb er die zweite Fassung eines Romans und begann mit der Niederschrift von zwei neuen Romanen. Ein Kommentar über den Geschmack von Verlegern erübrigt sich, wenn man bedenkt, daß Lawrences kurze Reiseschilderungen nie in einem Band gesammelt worden sind, obwohl sie zu dem Besten gehören, was er je geschrieben hat und ganz frei sind von den didaktischen und messianischen Anwandlungen, die manche Leser an Lawrences übrigen Büchern so stören. Eines der schönsten seiner Werke, die *Introduction to the Memoirs of M. M.* ist seit dreißig Jahren vergriffen. Eine Schilderung seiner Wanderungen in Deutschland und Österreich erscheint absurderweise in einem Buch über Italien, das auf ausdrücklichen Wunsch des Verlegers den Titel *Twilight in Italy* führt. Zwei weitere seiner Reisebeschreibungen, die jahrelang als verloren galten, wurden nach Lawrences Tode wie-

An der Loisach: Wolfratshausen

Mayrhofen im Zillertal

der aufgefunden und zusammen mit ein paar frühen Kurzgeschichten unter dem Titel *Love Among the Haystacks* zu einem Band vereinigt.

Eine ihrer Wanderungen führte Lawrence und Frieda von Bayern ins Zillertal in Tirol. Die vielen Kruzifixe am Wegrand beschäftigten Lawrences Gefühl und seine Phantasie; es schien ihm, als symbolisierten diese Kreuze die Mühen und Leiden der Bauern, wie sie tagaus, tagein auf den sonnenüberglühten Feldern schufteten, *über sich das seltsame Leuchten der Berge ... das Mysterium des eiskalten Baches, der über rötliche Sandbänke ins Dunkel der Tannenwälder schoß ... der zarte Hauch von Gletschereis in der Luft.*

Die beiden anderen Reisebilder, *A Chapel Among the Mountains* und *A Hay Hut Among the Mountains,* sind weniger ungewöhnlich, aber nicht weniger poetisch, und berichten von einer Wanderung, die Lawrence mit

Frieda und seinem jungen Freund David Garnett ins österreichische Tirol unternahm. Lawrence-Forscher sollten nicht versäumen, David Garnetts Einführung zu diesen Reiseschilderungen zu lesen, denn sie ist eine der besten kurzen Darstellungen von Lawrences Wesen, mit viel Einfühlungsvermögen, jedoch ohne Sentimentalität geschrieben (von der die Erinnerungen weiblicher Autoren an Lawrence nie ganz frei sind). Ich halte die Lektüre dieses Aufsatzes für lohnender als die mancher viel anspruchsvollerer Werke über D. H. Lawrence.

Über Lawrences Versuche, Theaterstücke zu schreiben, braucht man nicht viel Worte zu verlieren. Es sind Erzählungen in Dialogform, mit gut motivierter Handlung und gut gezeichneten Personen, aber sie sind überhaupt nicht bühnenwirksam.

Viel wichtiger ist, daß Lawrence *Sons and Lovers,* seinen dritten Roman, der seinen literarischen Ruhm im eigentlichen Sinne begründete, in dieser Zeit vollendete; noch heute ist dieses Buch für diejenigen, die Lawrence erst kennenlernen, am leichtesten zugänglich und am anziehendsten. Die erste Fassung des Romans mit dem provisorischen Titel *Paul Morel* hatte Lawrence 1911, im Jahr der Not und der Krankheit, beendet. Er hatte Jessie Chambers gebeten, ihn wieder einmal als unsichtbare Mitarbeiterin bei der Abfassung des Romans zu beraten, und das war sehr angebracht, weil sie in den Ereignissen, die das Buch beschreibt, eine sehr wichtige Rolle gespielt hatte.

Am 13. November 1912 sandte Lawrence das Manuskript von *Sons and Lovers* an den Verleger Duckworth ab. Am nächsten Tag richtete er an seinen Mentor und Kritiker, Edward Garnett, einen Brief, in dem er der negativen Kritik, mit der man allem, was er schrieb, zu seinen Lebzeiten begegnete, zuvorzukommen versuchte:

Dies ist das Thema: eine gebildete Frau von Charakter heiratet unter ihrem Stand und findet keine Befriedigung im Leben. Sie empfindet Leidenschaft für ihren Mann, und so sind die Kinder Früchte der Leidenschaft und voller Vitalität. Aber als ihre Söhne heranwachsen, sieht sie in ihnen ihre Geliebten, erst in dem ältesten, dann in dem zweiten. Diese Söhne werden durch die Liebe der Mutter ins Leben geschleudert, vorwärts getrieben, immer weiter. Aber als sie zu Männern herangereift sind, können sie nicht lieben, denn ihre Mutter ist die stärkste Kraft in ihrem Leben, und sie hält sie fest. Es ist wie bei Goethe und seiner Mutter und Frau von Stein und Christiane. – Sobald die jungen Männer mit Frauen in Berührung kommen, gibt es einen Riß. William verfällt einem oberflächlichen Geschöpf, und die Mutter beherrscht seine Seele. Dieser Zwiespalt vernichtet ihn, denn er weiß nicht, wo er hingehört. Der andere Sohn bekommt eine Frau, die um seine Seele kämpft – gegen seine Mutter. Der Sohn liebt die Mutter – alle Söhne hassen den Vater und sind eifersüchtig auf ihn. Die Mutter und das Mädchen kämpfen weiter um den Sohn. Nach und nach wird es deutlich, daß die Mutter stärker ist, wegen der Bande des Blutes. Der Sohn will nun der Mutter die Macht über seine Seele lassen und wie sein älterer Bruder nur die Lust woanders suchen. Er findet die Lust. Aber fast unbewußt wird der Mutter klar, wie es um ihn steht, und sie wird krank. Der Sohn macht Schluß mit der Geliebten und pflegt die sterbende Mutter. Am Ende steht er da, von allem entblößt, mit dem Trieb zum Tode ... Es ist eine große Tragödie, und glauben Sie nur, ich habe ein großes Buch geschrieben ...

Nicht jeder Leser von *Sons and Lovers* würde diese Inhaltsangabe als in allen Einzelheiten exakt hinnehmen – zum Beispiel stand die Krebskrankheit der Mutter in keiner Weise mit dem Verhältnis zu ihren Söhnen in Beziehung. Dennoch ist der Brief sehr aufschlußreich, weil Lawrence hier kurz nach der Vollendung die Konzeption des (wie er es ausdrückt) *mit Schweiß und Blut* geschriebenen Romans und seine künstlerische Ab-

D. H. Lawrence, 1912

sicht formuliert. Das Freudsche Thema war damals neu und bewirkte natürlich, daß die Anhänger dieser Lehre das Buch lasen. Aber der eigentliche Zauber und Reiz des Romans liegt weniger in seinem Thema – so wichtig und ergiebig dieses sein mag – als in der seltsamen, lebendigen und ursprünglichen Persönlichkeit des Autors, die den ganzen Roman durchdringt und den Leser am Ende mehr beherrscht als die tragische Erzählung. Ein Schriftsteller, der aus einem so alltäglichen Milieu wie Eastwood, aus den glanzlosen Personen seiner eigenen Familie, den Bewohnern einer unscheinbaren Farm, aus Episoden, die nur für diese Personen irgendeine Bedeutung haben, ein Meisterwerk der Dichtkunst machen kann, eine Erzählung, die so spannend ist, daß man nachts lange aufsitzt, um sie zu Ende zu lesen, ein solcher Schriftsteller muß schon Genialität besitzen. Der Roman *Sons and Lovers* ist ein zweiter «David Copperfield», doch größer, wahrer, poetischer.

Eine der unvorhersehbaren Folgen des Buches war, daß Jessie Chambers alle Beziehungen zu Lawrence abbrach. Sie hatte noch mit ihm in Verbindung gestanden, obwohl sie natürlich sehr gelitten hatte, zuerst, als er sich gegen sie für seine Mutter entschied, später, als er mit «Louie», «Helena» und anderen Mädchen mehr oder weniger flüchtige Liebschaften anfing, und dann, als er mit Frieda von Richthofen durchbrannte. Trotz alldem hatte Jessie ihm weiterhin geschrieben und ihm bei seinen literarischen Arbeiten Rat und Anregung gegeben. (Lawrence bemerkte mir gegenüber einmal sehr zynisch: *Frauen geben die Hoffnung nie auf.*) Es sei hier vermerkt, daß die angebliche «weibliche Einfühlungsgabe», die viele Kritiker in Lawrences Werk finden, sich vielleicht einfach aus der Tatsache erklärt, daß Lawrence fast immer eine Frau zu Rate zog, wenn er über einen weiblichen Charakter in seinen Büchern im Zweifel war. Er fragte dann einfach: *Was würde sie* ihrer *Meinung nach tun?*

Er hatte Jessie Chambers einen Band seiner *Love Poems* geschickt (Februar 1913), und sie antwortete mit einem Brief, der ihm – wie sie glaubte – mißfiel. Trotzdem schickte er ihr dann die Korrekturabzüge von *Sons and Lovers* mit einem Brief, aus dem sie in ihrem Erinnerungsbuch zitiert. Für einen Außenstehenden erscheint dieser Brief nicht besonders kränkend, auch dann nicht, wenn man bedenkt, daß er von einem ehemaligen Geliebten kommt; aber Jessie beschreibt ihre Reaktion folgendermaßen:

«Ich las seinen Brief mehrere Male und wußte nicht, ob ich lachen oder weinen sollte. Ich war wie benommen. Der Brief war taktlos, das war klar; und nicht nur das: er klang außerdem furchtbar eingebildet. Es war der Ton des Briefes, der mich verletzte. Einerseits dieser kränkende und herablassende Versuch, so zu tun, als ob nie etwas gewesen sei, andererseits ein offener Appell an mein mitfühlendes Verständnis! Ich frage mich, warum er mir seinen Roman auf diese Weise schickte, als ob ich an den Geschehnissen, die er darin beschreibt, gar nicht beteiligt gewesen sei. Ich kannte dieses Buch viel zu gut, um auch nur den geringsten Wunsch zu verspüren, es noch einmal zu lesen.»

Die erste Fassung des Romans hatte sie tief verwundet und gekränkt, weil er, wie sie sagte, Miriam (d. h. Jessie) verraten habe, um seiner Mutter den Sieg zuzuerkennen. Deshalb überflog sie die neue Version nur. Während sie damit beschäftigt war, kam ihre Schwester May herein, erblickte Lawrences Brief und schlug vor, sie solle ihn unbeantwortet zurückschicken. Jessie zögerte zunächst, nahm dann aber den drastischen Ratschlag an. Auf diese Weise trennten sie sich für immer.

Meiner Meinung nach galt ihr Zorn weniger dem Buch als Frieda. Zwar verriet der Roman allen, die sie näherkannten, die Tatsache, daß sie ein Liebespaar gewesen waren – was in jener Zeit einem Mädchen sehr schaden konnte –, doch das hätte eine Frau vielleicht noch verzeihen können, zumal «Paul» in der Liebesszene zu «Miriam» sagt, daß er nur mit ihr Kinder haben werde; und tatsächlich hat ja Lawrence keine Kinder gehabt. Aber sie war tief verwundet und von Eifersucht erfüllt, denn er hatte ihr geschrieben, er werde Frieda von Richthofen heiraten und sich mit ihr in Berkshire niederlassen. Jessies Schwester, die ihren Zustand erkannte, schlug die einzig mögliche, wenn auch sehr schmerzliche Lösung vor: den Brief zurückzuschicken und mit Lawrence zu brechen.

Ich finde, die Menschen, die dem Zauber von Lawrences widerspruchsreicher Genialität verfallen, sollten Jessie Chambers in Dankbarkeit zugetan sein, weil sie Lawrence in jenen frühen Jahren, denen wir einige seiner besten Werke verdanken, beigestanden hat. Ich habe mitangehört, wie Lawrence in Friedas Gegenwart gegen Jessie vorbrachte, sie sei *sexuell untüchtig* gewesen. Ich hingegen glaube, wie gesagt, daß er der «sexuell Untüchtige» war. Er fand Erlösung erst bei Frieda, die der Initiative fähig war und ihn liebend zu bemuttern wußte. Denn seltsamerweise liebte sie ihn; und er, auf eine sonderbare, zänkische und streitsüchtige Art, liebte sie ebenfalls. Und es ist eine der Ironien des Lebens, daß er, obwohl sie ihm zum Schluß die Treue brach, es ihr nicht vergalt, trotz der vielen Frauen, die Frieda zu wissen gaben, daß sie es besser verstünden, mit einem genialen Dichter umzugehen als sie. Er blieb mit ihr zusammen – trotz schrecklicher Auseinandersetzungen –, bis sie ihn zur letzten Ruhe bettete.

Jahre in Italien

Die Lawrences – wie wir sie hinfort nennen wollen, obwohl sie erst im Juli 1914 heirateten – blieben bis Ende März 1913 in Gargnano. Sie hatten wochenlang allein gelebt, außer der Berührung mit italienischen Nachbarn. Obwohl Lawrence Frieda um sich hatte und schrieb und Hausarbeit verrichtete, langweilte ihn diese solitude à deux auf die Dauer doch. Er begann, seinen Freunden in England verzweifelte Briefe zu schreiben, in denen er sie um billige Ausgaben von Büchern oder sonstigem Lesestoff bat. Dann zogen die beiden nach San Gaudenzio, das höher über dem See lag, begleitet von einer englischen Freundin, Mrs. Anthony. Diese gab Lawrence den Beinamen «Lorenzo», und so nannten ihn später auch seine Freunde. Der Umzug und die neue Umgebung regten Lawrence an, und er schrieb in schneller Folge die letzten vier seiner sieben Studien über den Gardasee. Sein leidenschaftlicher Drang, die Natur zu begreifen, seine Liebe zu Blumen, vor allem zu wildwachsenden Blumen, durchglüht seine Worte:

Im Herbst blühen die kleinen rosigen Alpenveilchen im Schatten der Westseite dieses Sees. Sie sind sehr kühl und wohlriechend, ihr Duft gemahnt an Griechenland, an Bacchantinnen. Sie sind Blumen der Vergangenheit. Sie scheinen in der Heimat Helenas und Phädras zu blühen. Sie neigen ihre Köpfe, sie wiegen sich wie schwelende Feuer. Sie sind kleine lebende Mythen, die ich nicht verstehe.

Nach den Alpenveilchen öffnen sich die Christrosen ... Noch blühen die Monatsrosen, zart und rosa, noch gibt es karminrote und gelbe Rosen. Doch die Weinstöcke sind kahl, und die Zitronenhäuser sind geschlossen. Und dann zeigen sich mitten im Winter die Knospen der Christrosen unter den Hecken und bei den Felsen. Sie sind sehr schön, diese ersten breiten, kühlen, reinen Knospen, wie Veilchen, wie Manolienblüten, aber kühl, leuchtend im Glanze des Schnees.

Auch andere Engländer, die Italien besuchten, haben über Blumen geschrieben, doch Lawrence gelangt über die Blumen hinaus zu seinem eigentlichen Thema, den Bauern, wie Paola und Maria Fiori und ihre Kinder, die er mit derselben Freude und liebevollen Einfühlung beschreibt und zum Leben erweckt wie die wilden Blumen. Die Skizzen erschienen unter dem Titel *Twilight in Italy*.

David Garnett. Zeichnung von D. H. Lawrence, Juni 1913

Die Lawrences hatten die Absicht gehabt, vom Gardasee nach Rom zu fahren, um sich dort mit Friedas Schwester zu treffen. Doch jetzt wurde zum erstenmal offenbar, wie schwer das gemeinsame Leben durch ihre «sündige» Liebe belastet war: Frieda sehnte sich schmerzlich nach ihren Kindern. Man kann ncht sagen, daß Lawrence diesem ganz natürlichen mütterlichen Gefühl mit Anteilnahme oder Verständnis begegnete. Gleich zu Beginn ihres Zusammenlebens schrieb er ein zorniges Gedicht, in dem er Frieda mit «Lots Weib» verglich, weil sie von ihm zu ihren Kindern zurückblickte. Und ein andermal, als Frieda wieder sehr unter der Trennung von ihren Kindern litt – «wie eine Katze, der man die Jungen weggenommen hat», schrieb sie später selbst –, versuchte er sie mit dem absurden Versprechen zu trösten, daß er, D. H. Lawrence, für ihre Kinder *einen neuen Himmel und eine neue Erde* schaffen werde. Und so wahr ist das Wort: *Frauen geben die Hoffnung nie auf,* daß Frieda ihm halbwegs glaubte, obwohl sich damals schon das Gewitter des Ersten Weltkriegs über Europa zusammenzog.

Also fuhren sie, als sie den Gardasee verließen, nicht nach Süden, wie es geplant war, sondern nordwärts nach Bayern, um dort eine Woche zuzubringen und dann nach England zurückzukehren, wo Frieda ihre Kinder besuchen wollte. In Wirklichkeit verbrachten sie jedoch fast die ganze Zeit zwischen April und September 1913 in Bayern, wo Lawrence an den ersten Fassungen seiner Romane *The Rainbow* und *The Lost Girl (Das verlorene Mädchen)* arbeitete. Erst Ende Juni 1913 fuhren sie wirklich nach England und hielten sich dort mehrere Wochen auf. Der Besuch ließ sich günstiger an, als man hätte erwarten können. Friedas schwebendes Scheidungsverfahren und die Frage, was aus den Kindern würde, bereitete ihnen natürlich nach wie vor Sorge, doch im Mai 1913 war der Roman *Sons and Lovers* herausgekommen, und obwohl es kein großer Verkaufserfolg war und die Besprechungen nicht übermäßig begeistert klangen, wurde das Buch doch auf geheimnisvolle Weise vom Publikum «registriert». Wir können dies aus der Tatsache schließen, daß man Lawrence während seines kurzen Besuchs trotz seiner ungeregelten Bezie-

hungen zu Frieda hofierte, und das wollte in jener puritanischen Zeit etwas heißen. Er wurde damals mit Edward March bekannt, dem Sekretär von Winston Churchill. Auch lernte er John Middleton Murry und seine Freundin Katherine Mansfield kennen, die eine literarische Zeitschrift herausgeben wollten. Er machte sogar die Bekanntschaft von Sir Herbert und Lady Cynthia Asquith, dem Sohn und der Schwiegertochter des amtierenden Premierministers. Murry schreibt: «Lawrence war zu jener Zeit ganz entschieden der kommende Mann.» Doch wurde seine Karriere zerstört, und er selbst ging freiwillig für immer ins Exil wie so viele englische Schriftsteller. Schuld daran war der Krieg 1914 bis 1918, der fanatische Haß eingebildeter Pedanten und nicht zuletzt Lawrences eigenes unkluges Verhalten.

Trotz des literarischen und gesellschaftlichen Erfolges seines England-Besuchs (man vergegenwärtige sich, was es in jener klassenstolzen Epoche für einen Bergmannssohn hieß, auf gleichem Fuße mit dem Sohn und der Schwiegertochter des Premierministers freundschaftlich zu verkehren) war Lawrence froh, als sie Anfang August wieder abreisten. Er liebte

Gargnano am Gardasee

Bayern, und das einfache Leben in ihrem Bauernhaus in Irschenhausen war genau das, was er sich wünschte, obgleich er sich darüber beklagte, es regne so oft und so stark, daß er, anstatt sich morgens zu duschen, nur im Badeanzug um das Haus zu laufen brauchte. Trotz all ihrer Charakterunterschiede war er glücklich mit Frieda.

Im September 1913 beschlossen die beiden, den Winter in Italien zu verbringen. Zunächst fuhr Frieda jedoch nach Norden, um ihre Eltern zu besuchen, während Lawrence eine Fußwanderung durch die Schweiz und über die Alpen machte; in Mailand wollten sie einander treffen. Lawrence schilderte diese Fußwanderung auf unnachahmliche Weise in den beiden Reiseskizzen *Italians in Exile* und *The Return Journey*, den beiden letzten des Bandes *Twilight in Italy*. Beide Erzählungen spielen hauptsächlich in der Schweiz, obwohl die Personen darin vor dem Militärdienst geflüchtete Italiener sind. Leser, die Lawrences heftige Reaktion gegen den steifen, scheinheiligen englischen Protestantismus kennen, werden sich nicht wundern, wenn in diesen Erzählungen zum Ausdruck kommt, wie sehr er den noch steiferen und noch scheinheiligeren Protestantismus des Kantons Zürich verabscheute. *Das einzige mögliche lebendige Gefühl ist das Gefühl der Erleichterung, wenn man fortgeht, immer weiter fortgeht.* So wanderte er weiter *über die Berge* nach Italien, dem Land seiner Sehnsucht.

Ein sehr wichtiger Aspekt der Reiseschilderungen von D. H. Lawrence aus dem Jahre 1913 ist ihre heftige Ablehnung des modernen Industrialismus. Lawrences literarische Produktion war so umfangreich, und eine genaue Chronologie der Niederschrift (nicht der Veröffentlichung) seiner Werke ist so schwer herzustellen, daß ich mich nicht dafür verbürgen möchte, daß dies seine ersten Angriffe gegen die moderne Industriegesellschaft sind, die von nun an bis zu seinem Tode einen beträchtlichen Raum in seinem Denken und Schaffen einnehmen. Obwohl die industrialisierte Welt damals natürlich noch lange nicht so weit entwickelt war wie heute, wird sie doch in Lawrences ersten drei Romanen als die normale Umgebung hingenommen; später gewinnt er ihr sogar «malerische» Züge ab. Ganz anders in seinen Reisebildern:

Was tun die Menschen heute mit ihrem Leben? Sie verkaufen sich selbst und verrichten Sklavenarbeit, sie bauen Straßen, schuften in Steinbrüchen oder Bergwerken oder Eisenbahnen, zwecklos, sinnlos; es ist wirkliche Sklavenarbeit, ein jeder tut nichts als die ihm zugeteilte Arbeit, ohne einen anderen Zweck als den, Geld zu haben und von dem alten System abzukommen ... Diese italienischen Tiefbauarbeiter mühen sich den ganzen Tag, ihr ganzes Leben ist nichts als Schufterei. Und wie ihnen geht es allen Tiefbauarbeitern der Welt... Es ist, als ob der ganze soziale Aufbau niederbräche und das menschliche Element in wimmelnden Zerfall geriete wie Maden im Käse. Straßen, Eisenbahnen werden geschaffen, Erze und Steinbrüche werden abgebaut, aber das organische Leben, der soziale Organismus, schrumpft langsam ein und zerfällt wie bei einem Prozeß trockener

John Ruskin

Verwesung der erschreckend anzuschauen ist. Und es sieht so aus, als ob wir zum Schluß zwar ein großartiges System von Straßen und Eisenbahnen und Industrien besitzen werden, aber eine äußerst chaotische Welt, die sich über diese Gebilde ergießt . . .

Eine prophetische Vision der Zukunft, wenn man bedenkt, daß diese Zeilen vor fast einem halben Jahrhundert geschrieben wurden. Man darf nicht glauben, daß Lawrences Haß auf die Industrialisierung und seine Furcht vor der Technik die Folge der schlimmen Erfahrungen sind, die er machte, als er sich während des Ersten Weltkriegs öffentlich gegen den Krieg wandte, denn die Reisebilder sind ja ein Jahr vor Kriegsausbruch entstanden. Ein englischer gelehrter Professor hat behauptet, Lawrence habe diese Haltung von Carlyle, und ein anderer, noch gelehrterer, hat diese Behauptung widerlegt. Es steht jedoch außer Zweifel, daß Lawrence Carlyle gelesen hatte, Jessie Chambers und Hueffer bezeugen es;

aber wie lange war das her! Viel wahrscheinlicher scheint es, daß Ruskin, Carlyles Schüler, Lawrence beeinflußte, denn Lawrences Programm enthält viele von Ruskin vertretene anti-industrielle Grundsätze. So hat zum Beispiel Lawrences Idee, daß sich die Künstler aus Protest in einer «Kolonie» zusammenfinden sollten, die er *Rananim* taufte, eine bemerkenswerte (obwohl nur theoretische) Ähnlichkeit mit Ruskins Konzeption einer «Guild of St. George». Von *Rananim* jedoch später mehr.

Lawrence und Frieda fanden eine Bleibe in Fiascherino, einem Marktflecken bei Lerici, dicht beim Golf von Spezia. Wie sie den Ort ausfindig machten, ist nicht bekannt; Lawrence beschreibt ihn begeistert:

Er ist vollkommen. Eine kleine Bucht, halb von Felsen eingeschlossen und von Olivenhainen, die zum Wasser hin steil abfallen. Ein einziges, rosagetünchtes, flaches Fischerhaus. Und dann noch der Villino von Ettore Grambosier, ein ebenfalls rosagetünchtes Landhaus mit vier Zimmern inmitten der Weingärten, direkt über dem Wasser und unter Olivenhainen. Aus dem Tor läuft man ins Meer, das am Mund der Bucht die Felsen umspült.

Hier blieben sie bis Anfang Juni 1914; doch jetzt, da Lawrence als Schriftsteller bekannt wurde, lebten sie nicht mehr so einsam wie in Gargnano. Junge Intellektuelle aus England, zumeist Söhne wohlhabender Eltern, besuchten sie; und bald auch so viele von den zahlreichen Engländern, die sich in der Gegend niedergelassen hatten, daß Lawrence die närrischsten unter ihnen verscheuchen mußte, indem er zugab, Frieda und er seien keine legitimen Eheleute. Die Briefe, die er zu der Zeit schrieb, enthalten vieles über sein Leben mit Frieda, Anekdoten über die Bauern, die lebendige Schilderung eines heftigen Schneefalls, der im Winter die Olivenpflanzungen zerstörte. Mehr und mehr ist aber auch die Rede von seinem neuen Roman, *The Sisters,* der später unter dem Titel *The Rainbow* erschien.

Es ist einer der beiden Romane, die Lawrence im Jahre 1912 in Gargnano begonnen hatte. Der andere, *The Lost Girl*, sollte eine Nachahmung der damals sehr beliebten Romane von Arnold Benett sein. Lawrence gibt offen zu, daß er ursprünglich als reines Erfolgsbuch gedacht war, das ihm, wie er hoffte, viel Geld einbringen sollte. Diese Hoffnung wurde enttäuscht, obgleich er nach der Niederschrift des Romans feststellen mußte, daß aus dem projektierten Erfolgsbuch etwas viel Besseres geworden war.

The Rainbow ist wohl das längste und ganz sicher das ehrgeizigste Werk von D. H. Lawrence, es kostete ihn einen Riesenaufwand an Zeit und Mühe. Er scheint bei diesem Buch zu Anfang noch unbestimmtere Vorstellungen von dem gehabt zu haben, was er sagen wollte, als bei seinen anderen Schriften. Lawrence hat nie ein Buch genau durchgeplant und ihm jene künstliche «Form» gegeben, die der Amerikaner Henry James und seine Schule unter dem Einfluß Flauberts so sehr kultivierten. Lawrence arbeitete vielmehr intuitiv und spontan. Es genügte ihm, mit einem

Arnold Bennett

Thema und ein paar Personen zu beginnen, die sich entwickelten, während er schrieb; wenn dann das Buch Gestalt annahm, erhielt es ganz von selbst eine organische Form, die viel dauerhafter ist als ihr artistischer Ersatz. Was Lawrence nicht erkannte ist die Tatsache, daß der eine seiner ersten drei Romane, und zwar der erfolgreichste, völlig autobiographisch war und daß es die beiden anderen ebenfalls im hohen Grade waren – *The Trespasser* allerdings weniger als *The White Peacock*. Bei einem Mann, der so sehr in sich selbst vertieft und so sehr mit sich selbst beschäftigt war wie Lawrence ist die Form des autobiographischen Romans etwas Unvermeidbares. In *The Rainbow* liegen die Dinge jedoch etwas anders. Zwar enthält auch dieses Buch autobiographische Züge (Ursulas Erfahrungen als Lehrerin sind Lawrences eigene Erfahrungen), aber Lawrence machte hier den Versuch, seine Darstellung objektiver, epischer zu gestalten, als ihm das bisher gelungen war.

Daß er die Schwierigkeit seines Vorhabens fühlte, wird klar, wenn man bedenkt, daß er von *The Rainbow* sieben Teilfassungen schrieb, die insgesamt etwa tausend Seiten ausmachen, erst dann war er mit dem Ablauf und dem Ton der Darstellung zufrieden. Sechs Monate seines Aufenthalts in Fiascherino, die er in Briefen wiederholt als eine Zeit bezeichnete, in der er nicht arbeitete, widmete er der endgültigen Fassung dieses langen Romans und sandte sie Edward Garnett. Es muß für Lawrence ein Schlag gewesen sein, als Garnett, der ihm immer ein wirklicher Freund gewesen war und seine früheren Werke mit großem Verständnis aufgenommen hatte, sich von diesem Roman enttäuscht und befremdet zeigte; denn gerade auf dieses Buch hatte Lawrence große Hoffnungen gesetzt. Garnett ließ Lawrence wissen, daß seine eigentliche Stärke in seinen natürlichen Gaben liege und daß seine Predigten über die Rettung der Seele und seine freudianischen Analysen ein Mißgriff seien. Man kann anderer Meinung sein als Garnett und auf die außerordentlichen Schönheiten und geistigen Qualitäten des Buches verweisen. Man kann auch finden, Garnett habe recht, wenn er sagt, der Roman stelle gegenüber *Sons and Lovers* einen Rückschritt dar. Irgendwo habe ich einmal geschrieben, *The Rainbow* sei «ländlich und psychologisch, wie ein russischer Roman, den George Eliot geschrieben haben könnte». Vielleicht sollte man hinzufügen «unter Mitarbeit von Thomas Hardy».

Lawrence war wie sein Vater äußerst hartnäckig. Ihm zu widersprechen bedeutete, daß man ihn in seiner Auffassung bestärkte. Lawrence hielt an dem Roman *The Rainbow* fest; er schrieb mit großer Energie daran weiter und brachte bis April 1914 eine neue Version zustande. Zur Verteidigung seiner Haltung und seines Buches schrieb er an Garnett folgende sehr aufschlußreiche Zeilen:

Sie wissen, daß ich immer bereit bin, auf Sie zu hören und Ihren Rat anzunehmen und danach zu handeln, wenn ich ihn angenommen habe. Aber Sie sollten Geduld mit mir haben und zu verstehen suchen, was meine Absicht ist. Letzten Endes bin ich ja kein Kind, das ohne Sinn und Verstand darauflosarbeitet. Tief in mir ist etwas, das sich erst herausschälen muß. Und es ist schwer, etwas Neues ehrlich und richtig auszudrücken ... Sie sagen, ich sei ein halber Franzose und zu einem Achtel ein Cockney, aber es stimmt nicht. Ich bin oft vulgär und ungeschliffen in der Art einfacher Leute, und vielleicht bin ich ein Cockney, wie Sie sagen, und vielleicht benehme ich mich sogar manchmal wie ein Franzose. Aber zunächst und vor allem bin ich ein tief religiöser Mensch, und meine Romane müssen aus der Tiefe meiner religiösen Erfahrungen kommen. Nur so kann ich arbeiten, nur so etwas leisten.

Lawrence hat immer jeglichen Standpunkt, von dem er nicht ablassen wollte, glänzend verteidigt, wobei er vor Spitzfindigkeiten und unhaltbaren Ausflüchten nicht zurückschreckte. Die eben zitierten Zeilen scheinen jedoch ehrlich gemeint zu sein, denn was er darin über sich selbst sagt, ist richtig, wenigstens wenn er zugibt, er sei *oft vulgär und ungeschliffen in der Art einfacher Leute.* Dieser Zug an ihm, dazu seine Streit-

Frieda Lawrence. Zeichnung von Coller

lust, seine Gewohnheit, allen Leuten ins Gesicht zu sagen, was er im Zorn für ihre Fehler ansah, und die hemmungslose Lust an Skandalgeschichten, die er mit Frieda teilte: sie erklären die meisten seiner Fehden und Feindschaften. Seine zahlreichen Feinde bestritten entschieden, daß Lawrence «tief religiös» sei, oder sie nennen ihn höhnisch das Produkt der provinziellen Sekte, der er als Junge anzugehören gezwungen war. Religiös oder nicht – fest steht, daß Lawrence nie eine andere Autorität anerkannte als seine eigene, daß er immer sein eigener Papst war, wie oft sich auch die Art seiner Religiosität ändern mochte. Frieda von Richthofen hat Lawrences Art der Religiosität vielleicht am klarsten erkannt. Sie berichtet, daß sie ihn zu Anfang ihres Zusammenlebens während eines Streits einmal darauf hinwies, daß er genau das Gegenteil von dem sagte, was er ihr erst eine Woche vorher gesagt hatte. Er antwortete: *Und warum sollte ich nicht? Vorige Woche dachte ich so, jetzt denke ich anders. Was ist denn dabei?*

Inzwischen ging das Leben in Fiascherino seinen Gang. Lawrence, der ein schlechter Schwimmer war, bestand darauf, bei rauher See zu baden, sehr zu Friedas Kummer und Besorgnis. Sie erinnerte ihn daran, daß Shelley vor dieser Küste ertrunken sei und rief ihm zu: «Wenn du schon nicht wie ein Dichter schreiben kannst, so wirst du wenigstens wie ein Dichter ertrinken.»

Er fing wieder an zu malen, wie er es als Junge gern getan hatte, und brachte einige Bilder zustande. Frieda und er machten Ausflüge und sammelten die schönen italienischen Frühlingsblumen. Eines Tages hielten sie nach einer Fußwanderung ein Picknick ab und stiegen hoch in die Berge. Lawrence hatte den plötzlichen Drang, alles stehen- und liegenzulassen und südwärts zu wandern, *tief in den Apennin.* Dieser Wunsch, ein vagabundierendes Dasein zu führen, alle Bürde und Last der «Zivilisation» abzuwerfen und zu Fuß loszuziehen, überkam Lawrence von Zeit zu Zeit.

Nun, damals trampte Lawrence nicht für immer los, sondern kehrte nach Hause zurück. Bald danach gingen die beiden auf Reisen. Während Frieda ihre Eltern in Metz besuchte, schloß Lawrence einen Kompromiß mit seinem Vagabundentum und unternahm seine letzte große Fußwanderung, die ihn von Italien über die Alpen nach Frankreich und der Schweiz führte; leider hat er keine Aufzeichnungen darüber hinterlassen. Die beiden «Geächteten» trafen sich in London wieder und heirateten dort am 13. Juli 1914. Fast will es einem scheinen, als ob dieser moderne Siegfried und seine Brünhilde, die um ihrer Liebe willen so viele Feuerkreise durchschritten hatten, an Größe verlieren durch dies lahme Zugeständnis an die bürgerlichen Konventionen in der Hauptstadt des Philistertums. Bezeichnenderweise maß Frieda diesem bürokratischen Unsinn nicht die geringste Bedeutung bei, während Lawrence, der erklärte Kämpfer für zukünftige Freiheiten, sie für äußerst wichtig hielt. Trauzeugen waren die immer noch nicht miteinander verheirateten Freunde Murry und Katherine Mansfield. Diese war von Lawrences Ausführungen über die Unauflöslichkeit der Ehe und über die Schönheit wahrer Treue so überwältigt, daß sie beschloß, einen Ehering zu tragen, obwohl sie von ihrem rechtmäßigen Gatten getrennt mit einem anderen Mann lebte. Frieda lieh ihr willig den goldenen Ring, der das Treuepfand ihrer «unauflöslichen» Ehe mit Professor Weekley gewesen war. Als Frieda ihrer Freundin den Ring gab, war sie der Meinung, sie leihe ihr ihn; Katherine Mansfield behielt ihn jedoch, bis er mit ihr in Fontainebleau begraben wurde.

Juli 1914 war kaum ein günstiger Zeitpunkt für die Heirat zwischen einer Deutschen und einem Engländer. Wie fast alle in England, besonders die «Intelligenz», hatte auch Lawrence keine Ahnung, daß der Weltkrieg, seit langem heimlich geplant und vorbereitet, so bald ausbrechen werde. Unter Friedas Aufzeichnungen finden wir folgende Notiz:

«Ich erinnere mich, daß wir mit Rupert Brooke und Eddie March zu Mittag speisten. Ich sehe noch genau Rupert Brookes seltsam helle Haut vor mir. Er errötete so leicht, seine Schönheit hatte einen Hauch von Traurigkeit. Damals schon dachte ich: ‹Er hat genug vom Leben, es ödet ihn an.› Er war nicht im geringsten glücklich oder erfüllt. Ich erinnere mich, daß Eddie Marsch sagte: ‹Wir fürchten, es gibt Krieg, aber vielleicht haben Earl Grey und das Foreign Office die Katastrophe heute vereitelt.› Wir konnten es nicht glauben: Krieg! ...»

Earl Grey war in jenen Tagen in Wirklichkeit noch Sir Edward, doch ist Friedas Zeugnis wichtig, weil es beweist, daß sie Lawrences die Warnung von Churchills Sekretär Eddie March nicht ernst nahmen. Am Abend des 30. Juli 1914 traf ich Lawrence zum erstenmal auf einem Essen für Dichter, das Amy Lowell im Berkeley Hotel, Piccadilly, gab. Lawrence erwähnte damals, was March ihm am selben Tag beim Mittagessen über die Kriegsgefahr gesagt hatte, und ich erinnere mich noch, wie die übrigen Anwesenden, Engländer und Amerikaner, diese Möglichkeit verächtlich abtaten. Ich saß ein wenig abseits am offenen Fenster, das auf den Piccadilly hinausging, und sah eine Reihe von Zeitungsplakaten, wie sie die Zeitungsverkäufer benutzten, um Kundschaft anzulocken. Als sie noch redeten, sah ich, wie ein neues Plakat angeklebt wurde: «Mobilmachung der britischen Armee!» Wir dachten immer noch, es handle sich um «eine Vorsichtsmaßnahme», oder die Mobilmachung geschehe «im Hinblick auf die Manöver». Ein Krieg in Europa, vor allem einer zwischen England und Deutschland, war «undenkbar». Noch vor ein paar Tagen hatten F. M. Hueffer und ich diese Meinung gegen einen englischen Marineoffizier verteidigt, der aus Gründen, die bald zutage traten, unsere Ansicht nicht ganz teilen konnte; wahrscheinlich hatte er seinen Einberufungsbefehl schon in der Tasche. Auch Lawrence war so wenig in der Lage, die bösen Vorzeichen richtig zu deuten, daß er am 31. Juli mit drei Freunden eine Wanderung durch Westmoreland unternahm. Zu den drei Freunden, die ihn begleiteten, gehörte S. S. Koteliansky, ein russischer Jude, der sein Leben lang ein großer Bewunderer von D. H. Lawrence blieb.

Erst als die verhängnisvollen Kriegserklärungen abgegeben waren, kamen die Zukunftsapostel von den Mooren herab und erfuhren in Barrow-

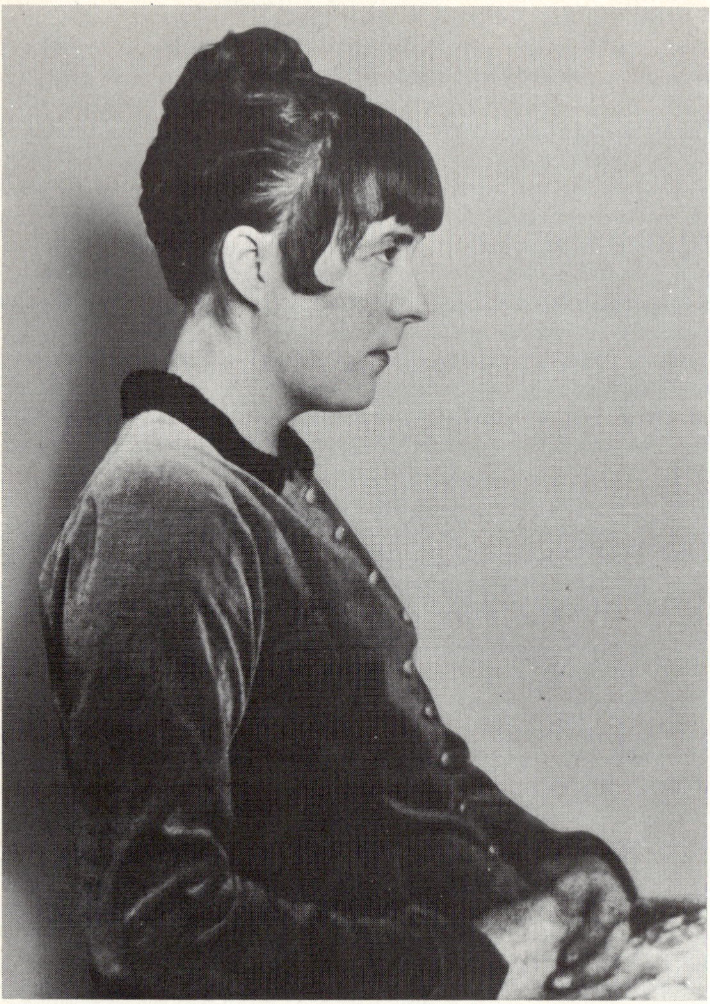

Katherine Mansfield

in-Farness, daß die Welttragödie begonnen hatte. Man hat viel von Lawrences Abscheu vor dem Krieg gesprochen und davon, wie sehr er gelitten habe für alle, die an dieser Tragödie beteiligt waren. In Barrow jedoch gingen die vier hin, um mitanzusehen, wie die Reservisten zu ihren Regimentern abreisten. Und wie alle anderen «wurden sie toll», als auf dem Bahnhof «die Soldaten Abschiedsküsse gaben» und ein Mädchen ihrem

Nasturtium. Ölgemälde auf Glas von D. H. Lawrence

Freund herausfordernd nachrief, «er solle sie alle umbringen».

Am 1. Oktober 1914 schrieb Lawrence an die amerikanische Verlegerin Harriet Monroe:

Ich bin nicht in der Kriegszone. Meiner Meinung nach bin ich ein viel zu kostbares Wesen, um mich gratis und zum Spaß einer deutschen Kugel anzubieten.

Augenscheinlich ist dies eine Antwort auf die Frage, ob er sich freiwillig zum Wehrdienst gemeldet habe. Meines Erachtens drückt dieser Brief Lawrences Haltung dem Krieg gegenüber am allerbesten aus: die Hauptsache war, daß er sich heraushielt und daß er davonkam.

«Der Krieg ist fürchterlich»

Bald nach der Trauung zogen die Lawrences in ein kleines, möbliertes Landhaus in Chesham in Buckinghamshire. Ich erinnere mich, daß die amerikanischen Dichterinnen Amy Lowell und H. D.* mich eines Tages im Auto mitnahmen, um Lawrence und Frieda zu besuchen. Zu den Nachbarn der Lawrences gehörten Murry und Katherine Mansfield. Murry hat Lawrences heftige und oft einander widersprechende Aussagen über den Krieg aufgezeichnet. Ich für mein Teil glaube, daß der große Krieg Lawrence so sehr überrascht und verwirrt hatte, daß er nicht wußte, was er denken oder tun sollte und seinen eigenen heftigen, aber vorübergehenden Reaktionen und dem, was andere sagten, widerstandslos ausgeliefert war. Ein paar Wochen vor Kriegsausbruch hatte Lawrence in einem Brief geschrieben: *Ihr allererstes Anliegen in diesem Leben ist es, daß Sie Ihre Frau lieben sollen, ohne Vorbehalte und mit vollkommener Offenheit im Geistigen.* Nun, da Artillerie- und Gewehrfeuer Westeuropa von der Schweiz bis zum Meer hin in Brand gesetzt hatten, erschienen solche Gefühle ebenso nichtig wie die viktorianische Verherrlichung des häuslichen Lebens, aus der sie hervorgegangen sind. Im November 1914 schrieb Lawrence: *Der Krieg ist fürchterlich. Es ist die Aufgabe des Künstlers, ihm bis ins Herz der einzelnen Kämpfer nachzuspüren.* Aber wie war das zu machen? Indem man zu Hause blieb, in dem man Belanglosigkeiten über Thomas Hardy schrieb? (Das war nämlich damals Lawrences Beschäftigung.) Wenn er damals schrieb, daß der Krieg *den Pappkarton des üblichen, braven, volkstümlichen Romans eindrückt,* so war das keine Rechtfertigung des Krieges, und wenn er schrieb, daß *der Krieg unseren eigenen persönlichen Regungen einen Dämpfer aufsetzte,* so darf man darin nicht eine Anprangerung des Krieges sehen.

Von Chesham übersiedelten die Lawrences in ein Landhaus in Greatham, Sussex, das einem Mitglied der englischen Literatenfamilie Meynell gehörte. Einen Monat zuvor, im Dezember 1914, war Lawrences Sammlung von Kurzgeschichten, die er *The Prussian Officer* nannte, erschie-

* Die amerikanische Lyrikerin Hilda Doolittle veröffentlicht ihre Bücher unter den Initialen H. D.

D. H. Lawrence

nen. Das Buch war kein Erfolg, aber in Kriegszeiten sind nur sehr wenige Bücher wirkliche Erfolge. Trotz des Titels war *The Prussian Officer* keine Kriegspropaganda, doch die beiden besten Geschichten des Buches waren Soldatengeschichten; Lawrence verwandte dabei seine Erfahrungen mit dem deutschen Militär während des kurzen Aufenthalts in Metz und stützte sich auch wohl auf Friedas Erinnerungen. Die anderen Erzählungen stammten aus früherer Zeit, zum Beispiel *Goose Fair,* eine Geschichte, die schon im Februar 1910 in «The English Review» erschienen war. Noch früher war *A Fragment of Stainet Glass (Eine Scherbe Buntglas)* entstanden. Diese Kurzgeschichte lehnt sich so eng an bestimmte Vorbilder an, daß man sie kaum als «echten» Lawrence bezeichnen kann. Weit besser und viel origineller war *Odour of Chrysanthemums,* jene Geschichte, die Hueffer einst im Manuskript gelesen und die er nach seiner eigenen Aussage in «ganz London» als «genial» gepriesen hatte; aber Hueffers Erinnerungen sind mit einer gewissen Vorsicht aufzunehmen; er wartete nämlich trotz seiner Begeisterung fast ein Jahr, bevor er die Erzählung in seiner Zeitschrift veröffentlichte.

Im Juli 1914 hatte Lawrence seine Beziehungen zu dem Verleger Duckworth abgebrochen und auf den Rat des literarischen Agenten J. B. Pinker einen Vertrag über *The Rainbow* mit Methuen abgeschlossen, der ihm für den Roman einen Vorschuß von 300 Pfund anbot, was Lawrence äußerst großzügig erschien; das war es in der damaligen Zeit auch wirklich. Nebenbei bemerkt, glaube ich, daß es der größte Vorschuß war, den Lawrence je in England erhalten hat. Im November 1928 sprach ich mit Lawrence darüber, und er erzählte mir damals, daß die erste Auflage seiner Bücher in England immer nur 2000 Exemplare betrug, für die er stets nur einen Vorschuß von 100 Pfund bekommen habe. Viel später fragte ich den Verleger Martin Secker, der Lawrence immer sehr anständig behandelt hat, ob er diese Aussage bestätigen könne. Seckers Unterlagen waren im Zweiten Weltkrieg leider verlorengegangen, aber er meinte, daß Lawrences Aussage wohl der Wahrheit entspreche. Ich möchte hinzufügen, daß Lawrence mir zur selben Zeit – also 1928 – die Halbjahresabrechnung aus England über alle Bücher zeigte; sie belief sich auf etwas über 150 Pfund, für die Lawrence dank der Freundlichkeit des damaligen Finanzministers, Mr. Churchill, obendrein eine erhöhte Einkommensteuer zahlen mußte. Da er nämlich als englischer Schriftsteller im Ausland lebte, wurden seine Honorare als Einkommen aus Kapitalvermögen versteuert.

Der Vertrag mit Methuen sah eine weitere Neufassung des Romans *The Rainbow* vor, die mindestens 185000 Wörter umfassen sollte. Das Buch wurde erst im September 1915 veröffentlicht und brachte dem Autor kein Glück; im Gegenteil, man machte ihm einen Prozeß, auf Grund dessen das Buch zehn Jahre lang nicht erscheinen durfte. Nach all der Mühe, die Lawrence auf dieses Werk verwandt hatte, sah er sich finanziell ruiniert.

Lady Cynthia Asquith

Als im Jahre 1919 der Welt eine sehr bedingte Freiheit wiedergeschenkt wurde, blieb ihm keine andere Wahl, als England für immer zu verlassen. Doch darüber später.

Da die Zeitläufte nicht danach aussahen, als ob sie sich in einen *neuen Himmel und eine neue Erde* verwandeln würden, litt Lawrence sehr. Es wurde bei ihm zu einer fixen Idee, daß er sich dem Krieg entziehen müsse. Einige der wenigen Lawrence-Fanatiker der Zeit haben versucht, seine Haltung dem Krieg gegenüber als eine Art stellvertretenden Leidens für die gequälte Menschheit darzustellen; er selbst hat diese Auffassung gefördert, indem er einmal sagte: ... *der Krieg ist ein Speer durch die Flanke all meiner Hoffnungen.* In Wirklichkeit sah Lawrence, wie viele andere Menschen auch, nur die selbstmörderische Tollheit des ganzen Unternehmens und den verbrecherischen Egoismus der Politiker, der Waffenlieferanten und der anderen Geschäftemacher, die am Krieg verdienten. Er wollte sich nicht in diese Netze verstricken lassen, nicht im Dienst dieser selbstlosen Elite fallen oder verstümmelt werden. Er machte sich unnötige Sorgen, denn die meisten Armeen der Welt – die englische eingeschlossen – lehnen es ab, Schwindsüchtige oder auch nur Schwindsuchtgefährdete in ihre Reihen aufzunehmen. Lawrence wurde bei jeder Musterung aus gesundheitlichen Gründen sofort wieder entlassen. Er hätte sich also bloß still verhalten und keine Aufmerksamkeit auf sich zu lenken brauchen, bis der große Sturm vorüber war. Natürlich war ihm gerade dies unmöglich.

Lady Cynthia Asquith, eine Freundin von Lawrence, war die Sekretärin des damals sehr erfolgreichen und gut verdienenden Romanschriftstellers Sir James Barrie, dessen Frau, nebenbei bemerkt, kurz davor mit Gilbert Cannan, einem Freund der Lawrences, durchgebrannt war. Lawrence war damals davon überzeugt, daß die Welt verpflichtet sei, für seinen Unterhalt zu sorgen und ihm vor allem die Flucht aus dem kriegsbedrohten England zu ermöglichen. Daß er von Amy Lowell Geld bekommen hat, ist sicher; er bat auch Arnold Bennett und Bernard Shaw um Unterstützung, erhielt jedoch nur geringe Summen. Lady Cynthia berichtet, daß Frieda Sir James Barrie geradeheraus um Geld gebeten habe, damit sie und Lawrence nach Australien fahren könnten. Ganz sicher hätte aber Frieda Sir James Barrie nicht um das Geld gebeten, wenn nicht Lawrence es von ihr verlangt hätte. Später richtete Lawrence an Bertrand Russell die absurde Forderung, er solle ihm all sein Geld vermachen; er ahnte nicht, daß Russell, obwohl Enkel eines ehemaligen Premierministers und Anwärters auf die Pairswürde, gar kein Geld geerbt hatte.

Das französische Wort «affolé» (kopflos vor Angst) beschreibt am besten den unglücklichen Seelenzustand, in den die unbegründeten Befürchtungen und die nur allzu wirklichen Fehlschläge Lawrence stürzten. Eine kuriose Erfindung aus jenen Tagen war seine utopische «Künstlerkolonie», die Lawrence nach einem Wort aus einem jüdischen Lied (das er von Koteliansky gehört hatte) *Rananim* nannte. Der Name ist ebenso unwichtig wie die utopische Verfassung dieser Kolonie, die in Lawrences Leben immer dann auftauchte, wenn er den Drang zur Flucht verspürte. Lawrence brauchte sich seines phantastischen Projekts nicht zu schämen, denn *Rananim* war kaum weniger absurd als die «Pantisocracy» von Coleridge und Southey oder, wie schon erwähnt, die «Saint George's Guild» von John Ruskin. Der Unterschied lag jedoch darin, daß Lawrence seiner aristokratischen Freundin Lady Ottoline Morrell, die er erst vor kurzem kennengelernt hatte, schrieb und sie bat, sie möchte das Projekt finanzieren. Charakteristisch für die Unwissenheit und den Neid der Kreise, in denen Lawrence aufgewachsen war, ist die Tatsache, daß er trotz seiner Genialität und trotz der Weltkenntnis, die er sich erstaunlich

Sir Bertrand Russell

schnell erworben hatte, noch im Jahre 1915 annehmen konnte, Aristokraten wie Barrie, Lady Ottoline und Russell seien unendlich reich.

In die Zeit des Krieges fällt auch die kurze, enge Freundschaft zwischen Lawrence und Bertrand Russell, die nur als eine unglückliche Episode bezeichnet werden kann. Beide fühlten sich zunächst zu der Persönlichkeit und den Anschauungen des anderen hingezogen, und beide waren sich einig in der Ablehnung des Krieges. Auf die Dauer aber konnten sich zwei so verschiedenartige Menschentypen – der Erzintellektuelle und der Anti-Intellektuelle par excellence – nicht verstehen.

Als Mitglied der «regierenden Klasse» und namhafter Mathematiker war Russell gewohnt, seine Ansichten über Angelegenheiten von öffentlichem Interesse zu formulieren; er hat wohl auch hin und wieder einen gewissen Einfluß ausgeübt. Lawrence war immer bereit, «die Welt zu verbessern», und die Berufung zum «Salvator Mundi» (über die er selbst sich zuweilen bitter mokierte) regte sich damals wieder in ihm. Lawrence und Russell wollten «die Welt verbessern», indem sie Vorträge hielten; und unter den von Professor Harry T. Moore 1948 herausgegebenen Briefen von Lawrence an Russell ist einer, der einen seltsam unreifen und naiven Sozialismus predigt.

Diese *Letters* sind so heftig und manchmal so wenig zusammenhängend, daß man aus ihnen (wie übrigens auch aus anderen Dokumenten der Zeit) das Gefühl gewinnt, daß Lawrence von der kollektiven Kriegshysterie angesteckt war, die sich bei ihm jedoch zu einer rasenden Wut gegen den Krieg auswirkte, verstärkt durch seine Furcht, man könne ihn zwingen, Soldat zu werden.

Der Versuch der beiden Männer, gemeinsam zu wirken, endete in einem heftigen Streit. Lawrence verschlimmerte den Bruch, indem er Russells Eigenheiten in dem Roman *Women in Love* verspottete. Russell war dreißig Jahre nach Lawrences Tode seinem ehemaligen Freund noch so böse, daß er, um sich zu rächen, in der BBC einen unsinnigen Vortrag gegen Lawrence hielt. Lawrence, der bei der regierenden Klasse und ihren Zeitungsschreibern keinerlei Sympathie genoß, weil er ein Proletarier war, der es wagte, Genialität zu besitzen, ohne sie um Erlaubnis zu fragen, weil er mit Professor Weekleys Frau durchgebrannt war und weil er Bücher veröffentlichte, die sie nicht verstanden, wurde durch die Freundschaft mit Russell noch mehr kompromittiert. Der Kriegsgegner Russell, ein prominentes Mitglied der «No Conscription League», wurde trotz seiner aristokratischen Beziehungen und seines Ruhmes als Philosoph zu 100 Pfund Geldstrafe verurteilt, weil er eine pazifistische Schrift verfaßt hatte. Gegen Ende des Krieges – im Jahre 1918, als man Lawrence längst den Prozeß gemacht hatte – wurde Russell gerichtlich belangt, weil er eine Schmähschrift gegen die amerikanische Armee geschrieben hatte, und – zur Schande der britischen «Gerechtigkeit» sei es gesagt – zu sechs Monaten Gefängnis verurteilt.

Als *The Rainbow* endlich im September 1915 erschien, brach das Unglück über Lawrence herein. Um zu verstehen, welch ein Schlag der aufgebauschte Prozeß und das Verbot des Buches für Lawrence bedeuteten, muß man wissen, in welch rasende Wut die Kriegshysterie rund um ihn her den Dichter versetzt hatte. Ich zitiere aus einem Brief, den Lawrence am 14. Mai 1915 an Lady Ottoline Morrell schrieb:

Lady Ottoline Morrell

Ich kann es nicht länger ertragen, daß der Irrsinn immer mehr Besitz von uns ergreift. Bald werden wir hier in England völlig verrückt werden vor Haß. Sogar ich hasse die Deutschen jetzt so sehr, daß ich jeden einzelnen von ihnen töten könnte. Ich frage mich, warum sie uns in diesen rasenden Haß hineintreiben, warum sie uns so sehr quälen, daß wir vor Wut toll sind, wo wir doch eigentlich zutiefst verwundet sind und schwer von Traurigkeit. Sie werden es erreichen, daß unsere Trauer in wütende Raserei umschlägt. Und wir wollen nicht in diese Raserei hineingesteigert werden, in diese vernichtende Tollheit des Zorns. Und doch müssen wir immer wieder aufgestachelt werden. Ich bin wahnsinnig vor Wut. Ich würde gern eine Million Deutsche töten – zwei Millionen.

Anfang September 1915 verließen die Lawrences Sussex und mieteten eine kleine, möblierte Wohnung im Vale of Health, Hampstead. Hier faßte Lawrence den Plan, zusammen mit Murry und Katherine Mansfield eine Art Zeitschrift herauszugeben, die unter dem Titel «The Signature» auch wirklich erschien. Lawrence steuerte einen langen, manifestartigen Essay mit dem Titel *The Crown* bei, dessen ungekürzte Fassung in *Reflections on the Death of a Porcupine* nachgelesen werden kann. Als Beispiel für die apokalyptische Ausdrucksweise zitiere ich folgendes:

Aber all dies ist beschlossen im Schoß. Die Dunkelheit erbaut den warmen Schatten des Fleisches in Pracht und Triumph, und das Licht ist darin enthalten. Dies ist der Höhepunkt Davids und Salomons, und Assyriens und Ägyptens. Dann sendet das Licht, das in dem Gefäße kämpft, einen weißen Strahl allumfassender Liebe aus, und das ist Franz von Assisi und Shelley.

Aus den Freuden, die solche ungewöhnlichen und nicht sehr klaren Predigten ihm schenkten, wurde Lawrence durch eine Reihe von Schicksalsschlägen jäh in die zeitgenössische Wirklichkeit gerissen.

Unter den ersten Kritiken des Romans *The Rainbow* waren drei ganz besonders feindselig und verletzend. So erschien zum Beispiel in «The Daily News» unter dem Titel «The Downfall» (Der Sturz) eine Rezension von Robert Lynd, der unter anderem schrieb, das Buch sei so, «als habe Strindberg versucht, gleichzeitig in der Art von Pierre Louÿs und von Miss Victoria Cross zu schreiben». Lynd fand das Buch «zum Erbrechen» – erstaunlich bei einem Kritiker, der später einer der engsten Freunde von James Joyce wurde. Zu allem Unglück erstattete ein berufsmäßiger Denunziant (nach Lawrences Meinung war es «Mr. Horton und die Purity League») Anzeige wegen Obszönität. Der Verleger gab klein bei. Das Buch wurde eingestampft wegen einiger Zeilen, die in dem fünfhundert Seiten umfassenden Text heute kaum jemand bemerken würde.

Man kann nicht mit Sicherheit behaupten, dieser Angriff gegen Lawrence sei verabredet gewesen, obwohl es in Londoner literarischen Kreisen bisweilen vorkommt, daß die Rezensenten sich im Club treffen und dort gemeinsam beschließen, ob sie ein Buch loben oder töten wollen, je nachdem, wie es ihren Interessen und Vorurteilen paßt. Man kann auch

nicht sagen, daß Lawrences Verbindung mit Russell in irgendeiner Weise an der schlechten Kritik schuld war, obwohl Lawrence in die letzte Version von *The Rainbow* einen Angriff gegen den Krieg eingearbeitet hatte. Diese Stellen scheinen in der Gerichtsverhandlung nicht weiter beachtet worden zu sein, doch wäre es jemandem, der daran ein Interesse gehabt hätte, ein leichtes gewesen, unter dem Vorwand, den Behörden gegenüber seine Pflicht als Staatsbürger zu erfüllen, zu behaupten, diese Seiten seien «der Rekrutierung abträglich». Wie dem auch sei, das Urteil war gesprochen; es brandmarkte Lawrence zum obszönen Schriftsteller, vernichtete sein Buch und stürzte ihn und Frieda in bittere Armut, die vier Jahre währte. Lawrences eigener Kommentar zu der Verurteilung seines Buches war folgender:

Ich bin nicht besonders erregt; darüber bin ich jetzt hinaus. Ich kann nur sagen, daß ich sie alle verfluche, mit Leib und Seele, Wurzel, Stamm und Blatt, in alle Ewigkeit!

Versuche, eine Revision des Urteils zu erreichen, blieben fruchtlos. Anfragen von Philip Morrell an das Parlament trafen auf die üblichen Ausflüchte. Proteste hatten keinen Erfolg. Man riet Lawrence, die Journalisten wegen übler Nachrede zu verklagen und zu erreichen, daß das Buch noch einmal beschlagnahmt werde, damit der Prozeß wieder aufgerollt werden müßte. Aber woher sollte ein mittelloser Schriftsteller die Mittel nehmen, um teure Anwälte zu bezahlen?

Lawrence verlor sich in nutzlose Träumereien und spielte mit dem Gedanken, in Florida seine Künstlerkolonie *Rananim* zu gründen. Die Weihnachtszeit verbrachte er in seiner Heimat, in den *geliebten Midlands*, doch die Haltung der Bergleute dort widerte ihn an – weil diese Menschen *nur Industrialismus, nur Löhne und Geld und Maschinerie* im Kopf hatten. Als ihm der Romanschriftsteller J. D. Beresford sein Landhaus in Cornwall als Wohnstatt anbot, war Lawrence heilfroh, den Midlands und London, fast sogar dem Krieg entrinnen zu können.

Es ist für Lawrence charakteristisch, daß er sich sofort wieder wohl fühlte und sich für seine neue Umgebung interessierte, sobald er den Schauplatz seines Unglücks und Mißerfolgs in London verlassen hatte. Trotzdem wurde es ihm sehr bald klar, daß zwischen ihm und dem «England», das er so sehr geliebt hatte, von nun an ein Bruch bestand, der nicht zu heilen war. Er schrieb damals an Lady Cynthia Asquith: *Dies ist mein erster Schritt hinaus, in ein neues Leben*; und an Katherine Mansfield schrieb er, er *habe aufgehört, sich um die Welt und um andere Menschen zu kümmern*; was er nun suche sei *ein hübsches Stück Erde, auf dem man glücklich sein könne.*

Dies Gefühl, daß er fremd und verfemt im eigenen Land sei, wurde verstärkt durch Lawrences unangenehme Begegnung mit dem Militär im Jahre 1917. Vorerst jedoch wurde Lawrence schwerkrank, wohl als Folge seiner Angst vor dem Krieg und der Verurteilung des Buches *The Rain-*

bow; sein Freund Dr. Maitland Ratford behandelte ihn. Der als Musiker unter dem Namen Peter Warlock bekannte Philip Heseltine, der den Dichter sehr bewunderte, kam zu Besuch, und Lawrence brachte es fertig, aus ihm einen seiner erbittertsten Feinde zu machen. Auch der Schriftsteller Michael Arlen verließ nach einem noch kürzeren Aufenthalt Lawrences Haus als sein Feind. Keiner der beiden jungen Leute scheint bemerkt zu haben, daß Lawrences Krankheit nicht nur das immer wiederkehrende Lungenleiden war, sondern daß es sich darüber hinaus um eine Art von akuter nervöser Depression gehandelt haben muß. Lawrence selbst spricht von *einer Art Benommenheit auf der ganzen linken Seite.* Es ist möglich, daß Heseltine Lawrence nicht mit der Nachsicht und Geduld behandelt hat, die ein Kranker braucht, aber man darf auch nicht vergessen, daß Lawrence, ob gesund oder krank, immer bereit war, sich mit seinen Freunden zu streiten. Der Bruch mit Heseltine war besonders bedauerlich, denn Heseltine war in der Absicht gekommen, durch Subskriptionen einen Privatdruck des Romans *The Rainbow* zu ermöglichen. Man erhält einen Eindruck davon, wie unpopulär Lawrence damals war, wenn man erfährt, daß von 600 sorgfältig ausgewählten Personen sich nur 30 für die Subskriptionsausgabe interessierten.

Wie Voltaire hörte Lawrence nie auf zu arbeiten, trotz der Krankheit und der elenden Armut, in die ihn die Verurteilung seines Buches gestürzt hatte. In dem Landhaus in Beresford überarbeitete er die Korrekturbogen von *Twilight in Italy*, sammelte aus alten Notizbüchern Gedichte aus seiner italienischen Zeit, die er dann unter dem Titel *Amores* herausgab, und schrieb an einer Studie über Melville und «Moby Dick», aus der dann später sein Buch über amerikanische Literatur wurde.

Im März 1916 zogen die Lawrences in ein kleines Landhaus in Higher Tregerthen bei Zennor. An diesem einsamen und schön gelegenen Ort blieben sie achtzehn Monate; die Jahresmiete betrug nur 5 Pfund. Unglücklicherweise fiel Lawrence die Künstlerkolonie *Rananim* wieder ein, und er schrieb an Murry und Katherine Mansfield einen begeistert drängenden Brief. Die Murrys zogen also von Bandol, wo sie sich recht wohl gefühlt hatten, in ein Haus, das neben dem der Lawrences lag. Von Zeit zu Zeit entwickelte Lawrence für diesen oder jenen seiner männlichen Freunde eine Zuneigung, die von Homosexualität kaum zu unterscheiden war. Jedenfalls fühlte er sich in jenem Frühjahr 1916 sehr zu Murry hingezogen und wollte mit ihm «Blutsbrüderschaft» schließen, was er offenbar wörtlich meinte. Als Murry auf Lawrences Vorschlag nicht einging, gab es fürchterliche Szenen mit gegenseitigen Beschuldigungen und Handgreiflichkeiten. Lawrence hat oft behauptet, daß Liebe und Haß verwandt seien, und bei ihm traf das ganz sicher zu. Nach solch heftigen Szenen konnten die Murrys nichts tun, als wegzugehen. Sie taten das so bald wie möglich, und die Lawrences lebten von nun an allein in dem einsamen kleinen Landhaus.

John Middleton Murry, 1916

Armut

Das Gesetz über die allgemeine Wehrpflicht wurde verabschiedet und trat in Kraft. Lawrence und andere verheiratete Männer seines Jahrgangs wurden für den 28. Juni 1916 zur Musterung in die Bodmin-Kaserne befohlen. Lawrence schrieb sofort an Lady Cynthia Asquith, wie er es anstellen könne, daß er vom Militärdienst freigestellt werde; dabei bedachte er nicht, daß Lady Cynthias Gatte an der Front und ihr Schwiegervater, H. H. Asquith, Premierminister war. Als er dann sah, daß das Gefürchtete nicht mehr zu vermeiden sei, ergriff ihn furchtbare Angst. Bald danach aber teilte er seinen Freunden mit, er habe sich zu einem *reinen, heiteren Fatalismus* durchgerungen, und an seine Freundin Catherine Carswell schrieb er: *Ich will hingehen und es darauf ankommen lassen, daß sie mich nehmen. Wenn ich denn Soldat werden muß, dann soll es sein – Ta-rattatata!* Bei der Musterung wurde er wegen seines Lungenleidens natürlich sofort zurückgestellt, und das war für ihn ein Glück, denn auf die Dauer hätte er das Soldatspielen wohl nicht mit soviel Gleichmut ertragen, wie er es sich in seinem *reinen, heiteren Fatalismus* vorstellte. Schon während der Musterung fand er das Kasernenessen *zum Erbrechen*, die Kaserne *wie ein Gefängnis* und die Pritsche so hart, daß er nicht darauf schlafen konnte. Er schrieb damals:

Dieser Militarismus ist das Ende all dessen, wofür wir leben möchten, er zerstört den Kern unseres Wesens. Ich war tief erschüttert. Die allgemeine Ausstrahlung einer geistigen Katastrophe war niederdrückend.

Trotz all dieser Aufregungen hatte Lawrence an einem seiner schönsten Romane gearbeitet, an *Women in Love*, den er selbst für sein bestes Werk hielt. Im Vorwort zur amerikanischen Ausgabe schreibt Lawrence, daß die erste Fassung des Romans *im Jahre 1913 in Tirol* geschrieben wurde. Das ist ein Irrtum, denn im Jahre 1913 war Lawrence gar nicht in Tirol, sondern in Bayern. Das Manuskript, welches er meint, ist ganz sicher *The Sisters*, und aus ihm wurde, wie wir gesehen haben, nach vielen fruchtlosen Ansätzen und Neufassungen später der Roman *The Rainbow*. Nun ist zwar der Roman *Women in Love* gewissermaßen eine Fortsetzung des ersten Buches, denn auch in *Women in Love* kommen die «Schwestern» Ursula und Gudrun vor; jedoch wurde das Ganze im Jahre 1916 völlig umgebaut und 1917 neu geschrieben. Personen, die in dem Roman

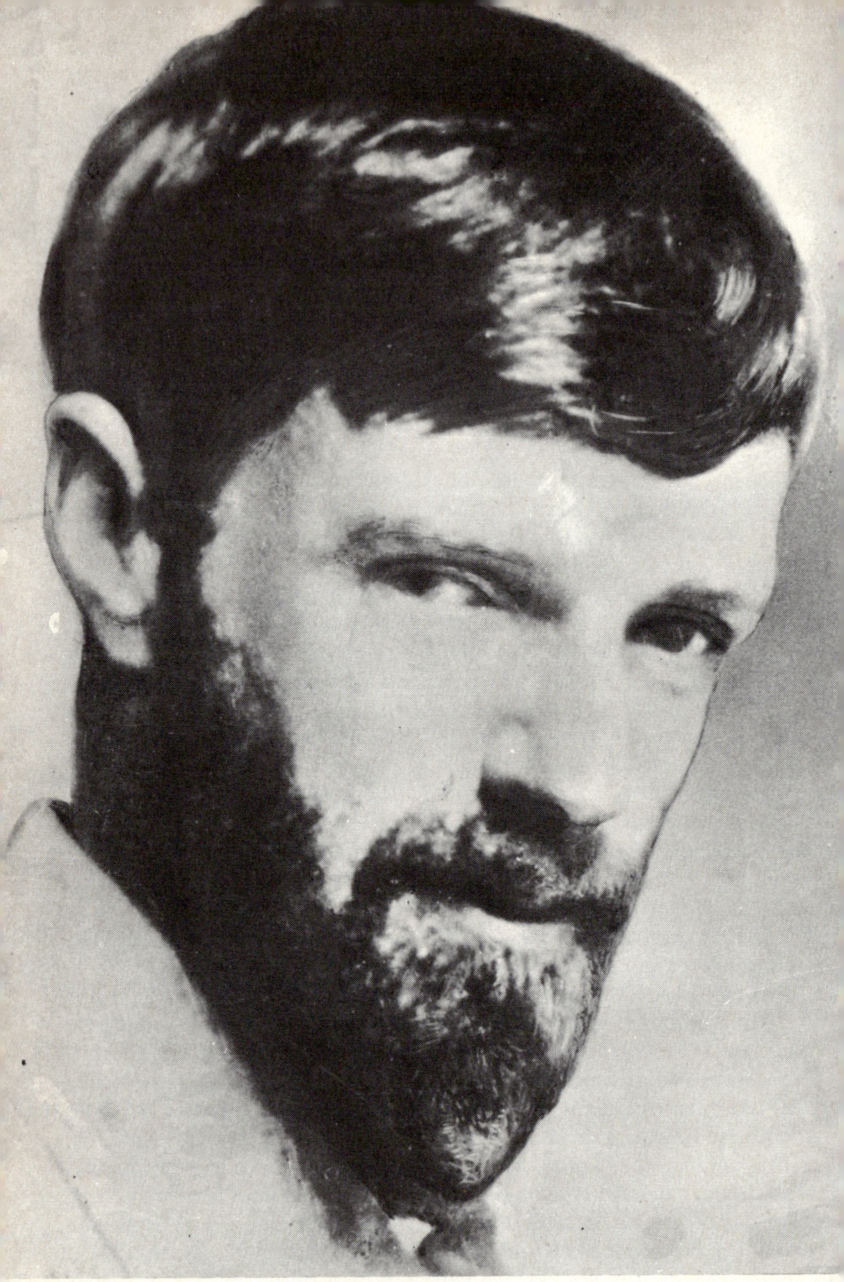

D. H. Lawrence

eine wichtige Stellung einnehmen wie Murry (als Gerald) und Katherine Mansfield (als Gudrun), lernte Lawrence im Juli 1913 kennen. Lady Ottoline, Philip Morrell, Bertrand Russell, Philip Heseltine und seine Freundin, die in dem Roman herzig karikiert werden, kannte Lawrence 1913 noch nicht. Das Kapitel *Gudrun in the Pompadour* schildert eine Episode, die sich wirklich begeben hat. Heseltine, der zu der Zeit schon Lawrences Feind war, saß mit Michael Arlen und Koteliansky im Café «Royal» und las ihnen aus Lawrences Gedichtsammlung *Amores* vor, über die er die ganze Schale seines Spottes ausgoß. Katherine Mansfield kam an den Tisch und bat, er möge ihr das Buch zeigen, nahm es unter den Arm und verließ mutig das Café. Dieser Vorfall ist von Koteliansky immer abgestritten worden, aber Michael Arlen und Murry, der das Exemplar des Buches für sich behielt, haben ihn beide bestätigt. In dem Roman wird aus dem Buch ein Brief, und in der Schilderung der kleinen Szene persifliert Lawrence seine eigene Manie, die Welt verbessern zu wollen. Der Gedichtband *Amores* erschien erst im Juli 1916; der Vorfall kann also erst nach diesem Zeitpunkt stattgefunden haben. Wenn Lawrence ihn in dem Roman *Women in Love* verwendet, so ist das ein Beweis dafür, daß das Buch, so wie wir es heute kennen, nach diesem Datum umgeschrieben worden ist.

Der erwähnte Einberufungsbefehl war nicht der einzige, den Lawrence während des Krieges erhielt, aber jedesmal wurde er wegen seines Gesundheitszustandes vom Militärdienst zurückgestellt. Ohne daß er es wußte, lauerte jedoch der Krieg in einer ganz anderen Gestalt auf ihn. Die Angst der Engländer vor feindlichen Spionen wurde Lawrence zum Verhängnis. Es wird behauptet (ich weiß nicht, ob zu Recht oder zu Unrecht), daß damals die Franzosen überzeugt waren, es gebe irgendwo in England ein feindliches Spionagezentrum, das über die Vereinigten Staaten Informationen nach Deutschland sandte. Es hätte jedoch in der allgemeinen Kriegshysterie dieses Anstoßes von außen gar nicht bedurft, um Lawrence als «Spion» zu brandmarken; offiziell gilt er in England immer noch dafür.

Ich habe schon auf ein paar Umstände hingewiesen, die Lawrence und Frieda in den Augen der Polizei und der Militaristen verdächtig machten. Jeder normal intelligente Mensch wird sofort fragen, wie sie denn von dem entlegenen Landhaus in Cornwall aus überhaupt spionieren konnten. Dem möchte ich aus eigener Erfahrung hinzufügen, daß ich selten jemanden getroffen habe, der in Dingen des Kriegs und des Militärs so unwissend war wie Lawrence. Allerdings korrespondierten die Lawrences über die Schweiz mit Friedas Verwandten, und einiges von dem wenigen Geld, das sie erhielten, kam von Amerikanern wie Amy Lowell. Das Vernünftigste wäre gewesen, sich möglichst unauffällig zu verhalten. Lawrence hingegen beging den Fehler, den Krieg anzuprangern, sich über die englische Zeitungspropaganda lustig zu machen und den Zorn seiner Landsleute herauszufordern, indem er abends mit Frieda deutsche Volkslieder sang. Die Leute in Cornwall sind Fremden gegenüber mißtrauisch; die Nachbarn schöpften Verdacht und denunzierten die Lawrences.

Eines Tages, als Lawrence und seine Frau vom Einkaufen nach Hause kamen, wurden sie von Soldaten angehalten. Man durchsuchte ihre Einkaufstasche, wobei einer der Soldaten irrtümlicherweise einen Block Salz für eine Kamera hielt. Frieda lachte den Mann aus, anstatt sich ruhig zu verhalten. Dann rannte sie törichterweise am Kliff entlang und schwenkte einen weißen Schal.

Zu Weihnachten hatten die beiden Besuch von zwei amerikanischen Freunden. Der eine von ihnen war Robert Mountsier, Lawrences späterer literarischer Agent in Amerika. Die Polizei erschien, prüfte die Papiere der Amerikaner, und als Mountsier in London eintraf, wurde er verhaftet und nach Scotland Yard gebracht, wo man ihm riet, möglichst schnell nach Hause zu fahren. Nach diesem Zwischenfall beging Lawrence obendrein den Fehler, Pässe für eine Reise nach Amerika zu beantragen.

In *Kangaroo* hat Lawrence die Situation, die langsam zu einem Alptraum wurde, sehr genau beschrieben. Man nahm an, die Lawrences gäben deutschen U-Booten Signale, wenn Frieda Wäsche aufhängte oder Lawrence den Schornstein leerte. Im April fuhr Frieda nach London, um ihre Kinder zu sehen, und Lawrence besuchte die Midlands. Als sie sich in Zennor wiedertrafen, waren sie beide krank. Lawrence gab das Romaneschreiben auf und arbeitete an seiner «Philosophie», wobei ihn aber bisweilen gewisse Zweifel befielen, ob er nicht ein *wenig schwachsinnig* sei. Er arbeitete auf dem Feld mit einem Bauern, weil die Landwirtschaft *wichtig für den Staat* sei. Auch seine Studie über die amerikanische Literatur nahm er wieder auf. Und dann kam der Schlag.

Die Lawrences besuchten einen Musikkenner und Freund Philip Heseltines, Cecil Gray. Nach dem Essen «sang Lawrence herausfordernd deutsche Lieder». Plötzlich ertönte an der Haustür ein lautes Klopfen. Ein Offizier und drei Mann traten ein und behaupteten, man habe aus einem Fenster von Grays Haus Lichtsignale gegeben. (Die Haushälterin war mit einer Kerze an einem Fenster vorbeigegangen, von dem der Verdunklungsvorhang heruntergefallen war.) Gray wurde von einem Beamten beleidigt, weinte und kam mit einer Geldstrafe von 20 Pfund davon.

Das Haus der Lawrences wurde während ihrer Abwesenheit erbrochen und von Detektiven durchsucht. Die Lawrences erhielten von der zuständigen Militärbehörde den Befehl, Cornwall zu verlassen.

Das alles war für Lawrence sehr schmerzlich; er hatte so sehr auf seine «Bürgerrechte» vertraut. Frieda hat später gesagt, daß die «Ausweisung in Lawrence etwas für immer veränderte». Nach Lawrences eigener Aus-

Von Geld ist die Rede, von wem noch?

Mit dem Gelde …

… stand der Mann zeitlebens ein wenig auf Kriegsfuß. Als er 1799 als Zwanzigjähriger von Dublin nach London gekommen war, hatte er einen Band eigener Gedichte mitgebracht, die alsbald gedruckt wurden. Aber in Druck geriet auch der junge Dichter: Er stürzte sich in Schulden.

Erlösung kam in Sicht, als er durch Protektion zum Registrator der Admiralität auf den Bermudas ernannt wurde. Aber er hielt das monotone Leben dort nur ein Jahr aus, ernannte kurzerhand einen Stellvertreter und kehrte nach England zurück. Viele Jahre später holte ihn die Vergangenheit ein: Der Stellvertreter hatte 6000 Pfund Staatsgelder veruntreut, für die der mittlerweile berühmt gewordene Autor geradestehen mußte.

Um dem Schuldturm zu entgehen, floh er von England auf den Kontinent. Erst fünf Jahre später konnte er zurückkehren, nachdem sein Verleger 1000 Pfund an die Staatskasse gezahlt hatte und die Sache damit als erledigt galt.

Während seiner Flucht auf den Kontinent hatte der Dichter Lord Byron kennengelernt, der ihm seine Memoiren übergab. Er verkaufte sie für 2000 Pfund an einen Freund, kaufte sie aber nach Byrons Tod mit geborgtem Geld wieder zurück. Nach hitzigem Streit mit Byrons Testamentsvollstreckern verbrannte er das Manuskript. Um die Schulden abtragen zu können, verfaßte er nun eine eigene Biographie Byrons.

Als er 1852 starb, hinterließ er seiner Witwe kein Geld und doch eine ausreichende Rente: sein Tagebuch, das er eigens für diesen Zweck angelegt hatte. Von wem war die Rede?

(Alphabetische Lösung: 13-15-15-18-5)

sage hatte er, als er in dem Zug saß, der sie nach London bringen sollte, inmitten einer Schar von Seeleuten, *die Kriegslieder grölten*, das Gefühl, *man habe* ihn *umgebracht* ... Er hatte *immer an alles so sehr geglaubt, an die Gemeinschaft, an die Liebe, an die Freundschaft. Dies war einer der schlimmsten Augenblicke, in denen der Glaube stirbt.*

Den Lawrences blieb nichts anderes übrig, als zu versuchen, irgendwie den Krieg in England zu überleben und dann ins Ausland zu gehen. Die Verurteilung des Romans *The Rainbow* war schlimm genug gewesen; jetzt aber empfand Lawrence sich endgültig als Außenseiter und Fremdling.

Die Lawrences verbrachten einige Zeit bei Londoner Freunden; auch jetzt noch wurden sie von der Polizei beobachtet. Als ich zu Weihnachten 1917 auf Urlaub kam, sah ich Lawrence öfters; es ging ihm damals ganz leidlich. Ich sprach auch mit einem der Detektive, die Lawrence beschatteten, und weiß daher, daß Robert Nichols' Behauptung, Lawrence habe sich nur eingebildet, er werde von der Polizei überwacht, nicht der Wahrheit entspricht. Man war im Gegenteil eifrig bemüht, ihn «zu erwischen».

Nach Weihnachten begaben sich die Lawrences nach Hermitage in Berkshire, um ein Landhaus zu beziehen, das den Radfords gehörte. Dort erduldeten sie jene düstere Armut, die Lawrence später in einem bedrückenden Kapitel des Romans *Kangaroo* geschildert hat. Kanadische Soldaten fällten den alten Waldbestand, der als Grubenholz dienen sollte. Nachts sammelte Lawrence die Späne, um damit zu heizen. Oft hatten Frieda und er nichts zu essen als Hafergrütze.

Im Mai 1918 zogen sie wieder um, diesmal in einen kleinen Bungalow in Middleton in Derbyshire. In Berkshire hatte er an einem Roman zu arbeiten begonnen; es handelte sich wohl um das Buch, das wir heute unter dem Titel *Aaron's Rod* kennen. In Derbyshire arbeitete er an mehreren Artikeln, die jedoch von «The Times Educational Supplement» abgelehnt wurden. Ferner schrieb er einige Gedichte und Essays über die amerikanische Literatur, die er für eine Vortragsreihe in den USA verwenden zu können hoffte. Außerdem befaßte er sich mit Kurzgeschichten und entwickelten in *The Fox (Der Fuchs)* die Form der «Novelette».

Lawrences Freundin Mrs. Carswell, die er und Frieda im Sommer 1918 besuchten, hat uns ein paar Aufzeichnungen hinterlassen, die uns ein erschütterndes Bild von der Armut der Lawrences geben. Frieda trug damals einen billigen Baumwollrock, und Lawrences Kleidung bestand aus einer alten grauen Flanellhose, einem verblichenen rot-grünen Blazer und einem verbeulten Hut, er trug Schuhe mit Bastsohlen, ohne Strümpfe. Er ließ durchblicken, daß er nur diese eine Hose besitze und sie nachts waschen müsse, in der Hoffnung, daß sie bis zum nächsten Morgen trockne.

Am 11. September 1918 (seinem Geburtstag) mußte er noch einmal zur Musterung erscheinen. Er fand seine Heimat – «seine geliebten Midlands» – noch feindlicher gegen ihn eingestellt als Cornwall. Einige Bemerkungen der Musterungsärzte verletzten ihn so sehr, daß er sich nicht länger als nötig in den Midlands aufhielt und gleich nach Hermitage zurückkehrte. Als am 11. November 1918 der Waffenstillstand geschlossen wurde, befanden Lawrence und seine Frau sich noch dort. Aus dem ins Dichterische transponierten Bericht über diese Tage (in dem Roman *Kangaroo*) erfährt man, daß er und Frieda an jenem Abend zusammensaßen und deutsche Volkslieder sangen und daß Frieda weinte. Glaubwürdige Zeugen wie David Garnett und Sir Osbert Sitwell haben Lawrence am Tag des Waffenstillstandes in London gesehen. Dieser Widerspruch läßt sich jedoch klären: Lawrence fuhr am Tag nach London und kehrte abends zu Frieda nach Berkshire zurück. In London erregte er Ärgernis, weil er verkündete, daß es ein falscher Friede sei und daß bei der verkehrten Lebensauffassung, die sich überall breitmache, bald ein neuer großer Krieg zu erwarten sei. Pessimisten behalten fast immer recht.

Irgendwie schlugen sich die Lawrences noch ein weiteres Jahr durch, bevor man ihnen die Pässe bewilligte, die es ihnen erlaubten, ihre innere Emigration in England gegen das Exil in einem freundlicheren Land zu vertauschen. Murry versuchte, Lawrence in England zu halten, denn er

Die Berghütte in Middleton, Derbyshire, wo die Lawrences 1918/19 wohnten

hoffte, seine Mitarbeit für «The Athenaeum» zu gewinnen, dessen Herausgeber Murry gerade geworden war. Lawrence wußte jedoch, daß er aus England weggehen mußte, und zwar für immer: *Es war ein großer Fehler, daß wir nicht schon 1915 fortgegangen sind, als wir jene anderen Pässe noch hatten.*

Durch Zufall war ich einer der letzten, die Lawrence noch sahen, kurz bevor er im November 1919 abreiste. Während des Durcheinanders, das auf die Ausweisung der Lawrences aus Cornwall folgte, hatten sie eine Unterkunft in der Wohnung am Mecklenburg Square gefunden, die meiner Frau und mir gehörte. Da Lawrence wußte, daß der Arzt mir nach den Anstrengungen des Krieges Ruhe auf dem Land verordnet hatte, war er so freundlich, den Mietvertrag für das Haus in Berkshire an mich abzutreten. Damals wirkte er auf mich nicht besonders erregt; es war mir auch keineswegs klar, daß er England für immer verlassen würde. Doch hatte ich, als ich ihn die Treppe der Untergrundbahnstation hinuntergehen sah, das unbestimmte Gefühl, ich werde ihn nie wiedersehen. Ich sah ihn jedoch noch einmal kurz vor seinem Tode.

Wie tief sein Abschied von England und sein freiwilliges Exil ihn erschüttert haben müssen, wird aus folgenden Zeilen des Romans *The Lost Girl* klar, in denen er auf Alvina die Gefühle überträgt, die ihn selbst erfüllten, als er von dem Deck eines Kanaldampfers auf England zurückschaute:

Dort hinten, hinter all dem Sonnenlicht, lag England. England, das sich jenseits des Wassers mit seinen aschgrauen, leichengrauen Klippen erhob, Streifen von Schnee auf den Down-Bergn. England, wie ein langer aschgrauer Sarg, der langsam versinkt. Sie schaute hinüber, fasziniert und erschrocken. Das Land schien sich gegen das Sonnenlicht aufzulehnen, es schien im Dunkeln bleiben zu wollen, langgestreckt und aschgrau und tot, mit Streifen von Schnee wie Leichentücher. Das war England.

Reisen, Reisen

Aldous Huxley hat den Roman *Lady Chatterley's Lover* «den Epilog zu Lawrences Reisen» genannt. Das ist richtig, doch die zehn Jahre währenden Wanderungen, die vor Lawrence lagen, als er gegen Ende des Jahres 1919 England *wie einen Sarg* hinter sich versinken sah, waren der Epilog zu der Tragödie seines Lebens in England. In jenem Sarg lag seine Liebe zu seiner Mutter, seine Liebe zu Jessie, seine Liebe zu England. Man hatte ihm die Anerkennung versagt, man hatte ihm gedroht, er war dem Verhungern nahe gewesen; und alles dies war nicht allein das Werk seiner Feinde, sondern auch des Staates, den diese Feinde gegen ihn auf den Plan gerufen hatten. Lord Byron, ja sogar der «atheistische» Shelley hatten frei davonziehen dürfen, als ihr Land sich tugendsam von ihnen lossagte. Lawrence mußte länger als vier Jahre, nachdem er die Ausreise beantragt hatte, in dem Inselgefängnis bleiben. Außer den Verleumdungen der Journalisten hatte Lawrence auch die offizielle Brandmarkung über sich ergehen lassen müssen. Was konnte er anderes tun als davonzufahren, mit gebrochenem Herzen, hinter sich *den Sarg* seines Vaterlandes, gegen das er sich in keiner Weise vergangen hatte?

Ich bin sicher, daß meine deutschen Leser mir nicht vorwerfen werden, ich versuchte, die Fehler und die unerfreulichen Seiten meines toten Freundes zu verbergen, aber ich bin ebenso sicher, daß sie meine Entrüstung verstehen werden, wenn ich sage, daß ich seit dem Jahre 1927 für Lawrences Rehabilitierung gekämpft habe – ohne ein anderes Motiv als das, einen großen Dichter gegen die törichte Kritik eines engstirnigen Landes zu verteidigen.

Im folgenden werde ich die vielen Reisen, die Lawrence in den Jahren nach 1919 unternahm, kurz andeuten und aufzeigen, welche Bücher aus ihnen hervorgegangen sind.

Den Rest des düsteren Jahres 1919 verbrachte Lawrence in Florenz, wo er auf Frieda warten sollte, die ihre Mutter besuchte; der Vater war während des Krieges gestorben. Die Fahrt nach Süden ist in dem Roman *Aaron's Rod* eingehend und wirklichkeitsgetreu beschrieben. Über Paris reist «Aaron» nach Norditalien. Dort ist er zu Gast bei einer reichen englischen Familie, die Lawrence bei dieser Gelegenheit karikiert. Dann geht es über Lerici, wo Lawrence zweifellos irgend etwas abholte, was er vor dem Krieg dort zurückgelassen hatte, nach Florenz, wo ihm Norman Douglas, der frühere Mitherausgeber von «The English Review», ein Zimmer in einer Pension bestellt hatte. Douglas, Autor ausgezeichneter Reisebücher, zählte damals zu Lawrences Freunden, wurde aber später einer seiner erbittertsten und gefährlichsten Feinde. Wie es dazu kam ist eine lange und komplizierte Geschichte, die wir hier nur in kurzen Umrissen skizzieren können.

Auf dem Weg zur Pension traf Lawrence seinen Freund Douglas, der in Begleitung eines Abenteurers namens Maurice Magnus war. Douglas war der Sohn einer österreichischen Aristokratin und eines Schotten; Magnus, obwohl amerikanischer Staatsbürger, war von noch höherer Abkunft als Douglas, wenn es wahr ist, daß seine Mutter eine uneheliche Tochter Wilhelms I. oder – wie andere behaupten – Friedrich Wilhelms war. Obwohl Douglas einst im englischen diplomatischen Dienst gestanden und ein beträchtliches Vermögen besessen hatte, lebte er zu jener Zeit schlecht und recht von den geringen Einkünften aus seinen literarischen Arbeiten, die manchmal ausgezeichnet waren und bei der Kritik und beim Publikum erstaunlich wenig Anklang fanden. Auch Magnus versuchte von seiner Feder zu leben, hatte jedoch nicht die große Begabung von Douglas.

Diese beiden Bohemiens mögen sich neben dem puritanischen D. H. Lawrence mit seinen strengen moralischen Grundsätzen etwas seltsam ausnehmen, aber damals war Lawrence ein Geächteter, der über sehr wenig Geld verfügte. Außerdem hatte er Douglas nur als Mitherausgeber von «The English Review» gekannt; von Magnus hatte er nie etwas gehört. Eines ist jedoch völlig klar: der empfängliche und von Natur heitere Lawrence genoß nicht nur das Gefühl, aus England entronnen zu sein und die Schönheit der Stadt Florenz (trotz Kriegsschutt und Lebensmittelknappheit), er fand auch Spaß an Norman Douglas' Gesellschaft und seinen unbekümmerten, humorvollen Reden. Die Seiten aus *Aaron's Rod*, auf denen Douglas als Argyle erscheint, sowie die *Introduction to the Memoirs of M. M.*, die nach Magnus' Tod veröffentlicht wurde, beweisen das. Ich habe Magnus nicht persönlich gekannt, aber Douglas kannte ich recht gut; ich kann mich deshalb für die Wirklichkeitstreue des Porträts von Magnus, das Lawrence in dem zuletzt erwähnten Buch gibt, nicht verbürgen, doch möchte ich annehmen, daß es echt ist, denn seine Porträts von Douglas in beiden Büchern sind gut getroffen. Man hat wirklich den Menschen vor sich, und obwohl Douglas es Lawrence sehr verübelte, daß er ihn mit allen seinen Fehlern und Sünden so erbarmungslos dargestellt hat, wird er es doch gerade diesem literarischen Porträt verdanken, daß er weiterlebt, so lange man Lawrences Bücher liest.

Als Frieda ankam, hatten die Gelage mit Douglas ein Ende. Bald fuhren die Lawrences nach Süden, zuerst nach Rom, das Lawrence *abscheu-*

Aldous Huxley

lich fand, dann in ein ödes und entsetzlich primitives Dorf namens Picinisco, hoch oben im Winterschnee der Abruzzen. Es stellte sich heraus, daß die «Farm», die ihnen dort oben jemand angeboten hatte, nichts war als eine Sommerhütte, kalt und ungemütlich, für den halbkranken Lawrence also gewiß nicht das richtige. Daher reisten sie weiter nach Capri, wo Lawrence abermals mit einem seiner späteren Feinde Freundschaft schloß, mit Compton MacKenzie, den er in seinen Geschichten (*The Man Who Loved Island* und *Two Blue Birds*) sehr spaßig karikiert hat. Aus irgendeinem Grund, der nie geklärt worden ist, ließ Lawrence seine

Frau für ein paar Tage allein auf Capri und verbrachte diese Zeit mit Magnus, der Katholik war, bei den Mönchen in dem Kloster Monte Cassino. Finanziell betrachtet war dieser Aufenthalt eine Verschwendung der immer noch sehr spärlichen Mittel, die den Lawrences zur Verfügung standen, doch inspirierte er Lawrence zu einigen Prosastellen, die in der englischen Literatur kaum ihresgleichen haben. Er spricht von dem Hauch des Mittelalters, der noch auf dem großen Kloster lag, den er als leidvollen Kontrast zur industrialisierten Gegenwart empfand:

Alles war still und sonnig. Und der schmerzliche Griff der Vergangenheit, der großartigen, wilden Vergangenheit des Mittelalters, da das Blut kräftig und ungehemmt durch die Adern strömte, da das Leben voll war von Herrlichkeiten und furchtbaren Nöten, packte mich so fest an, daß ich es kaum mehr ertragen konnte. Es war eine Qual. Da stand ich in dem Kloster und blickte auf den alten Bauernhof, wo die Ochsen schwerfällig über die Felder zogen und die schwarzen Schweine im Unkraut herumstöberten, und ein Mönch saß auf der Brüstung in der Sonne, und ein alter, alter Mann in Ledersandalen und weißen Beinwickeln trieb einen Esel dem Klostertor zu, langsam mit dem lebendigen Gleichmut und der Wildheit des Mittelalters, und ich wußte, daß ich nicht dazugehörte, daß ich war, was ich war, ein Kind der Gegenwart.

Von Capri, diesem *Schmortopf halbliterarischer Kater*, fuhren die Lawrences wieder südwärts, diesmal nach Sizilien, wo sie auf dem unteren Ostabhang des Ätna ein altes Bauernhaus, Fontana Vecchia, bezogen. Man kann kaum behaupten, daß sie sich dort viel aufhielten, denn sie machten entweder zusammen oder einzeln viele Ausflüge und kleine Reisen; Fontana Vecchia aber war immerhin eine Art Hauptquartier für sie. Lawrence ist fast immer sehr produktiv gewesen, doch die Jahre 1920 bis 1922 waren besonders reich an literarischer Ausbeute. Das Leben in ungestörter Freiheit, die italienische Landschaft und sogar die Gesellschaft seiner zweifelhaften Freunde wirkten anregend auf ihn. Was Sizilien für ihn bedeutete, mag aus den folgenden Zeilen klar werden. Sie stammen wie das vorige Zitat aus der *Introduction to the Memoirs of M. M.*, einem Buch, das auf Betreiben der Freunde von Norman Douglas schon seit über 30 Jahren nicht mehr gedruckt wird:

Anfang April fuhr ich mit meiner Frau für ein paar Tage nach Syracus: schöne, wunderschöne Tage; die roten Anemonen blühten auf den Feldern, und die Adonisröschen übergossen die Felsen mit Rot. In den märchenhaften, malariaträchtigen Niederungen das kräftige grüne Korn! Und der Ätna neigte sich nordwärts, schweigend unter seiner Schneekrone. Die schöne, die wunderschöne Reise von Catania nach Syracus im Frühling, der sich um die Bläue des Meeres wand; die großen rosa Asphodelen waren am Verwelken, und die gelben Asphodelen zeigten wie Lilien ihre Seide. Schönes, wunderschönes Sizilien, Insel der Morgenröte, der Morgenröte Europas, wo Odysseus einst sein Schiff aus dem Schatten ins blaue Meer hinaus-

Norman Douglas

ruderte. Vieles war damals gestorben für mich, doch Sizilien nicht: Sizilien, Land der wunderschönen Morgenröte, und das Jonische Meer.

Wir kamen zurück, und das Leben war wunderschön: unser eigenes Haus am Hang über den Mandelbäumen, und drunten die See in der Bucht. Kalabrien gleißte wie ein Opal in der Ferne, jenseits der hellblauen Meerenge, und davor lag die große Bläue des schönen, tagenden Meeres, aus dem sich Morgen für Morgen die Sonne glanzvoll erhob wie ein Trompetenstoß. Und ich toll vor Freude über diese Morgenröte, die Morgenröte des Tages, die Morgenröte des Lebens. Diese Morgenröte ist Griechenland, und Griechenland bin ich.

Als die Lawrences von ihrem idyllischen Aufenthalt in Sizilien zurückkamen, tauchte plötzlich Magnus bei ihnen auf. Er war aus dem Kloster Monte Cassino geflohen, um sich vor der Polizei in Sicherheit zu bringen, die ihn verhaften wollte, weil er in einem Hotel in Anzio mit einem ungedeckten Scheck bezahlt hatte. Obwohl er gänzlich ohne Mittel war, hatte er sich in dem teuersten Hotel von Taormina eingemietet. Er bat Lawrence um Geld, damit er das Notwendigste bezahlen und über Malta nach Alexandria reisen könne. Fünf Jahre lang hatte Lawrence in bitterster

Der Klosterhof von Monte Cassino

Armut gelebt, und selbst jetzt, da er anfing, wieder ein wenig zu verdienen, hatte er Schulden abzuzahlen. Wenn er Magnus seine Bitte erfüllen wollte, so hätte das etwa 50 Pfund gekostet; sein Guthaben auf der Bank betrug 171 Pfund. Aus welchem Grund sollte er Magnus etwas geben? Frieda war ungehalten, daß Lawrence es überhaupt in Betracht zog, aber sie merkte nicht, wie schlau Magnus seine Falle gestellt hatte. Er hatte im Hotel erzählt, er sei ein Freund von Lawrence, und er war von den Lawrences, die zunächst keinen Verdacht schöpften, freundlich aufgenommen worden. Wenn Lawrence jede Hilfe abgelehnt und zugelassen hätte, daß Magnus verhaftet wurde, wäre sein Ansehen in der Gegend zerstört worden und er und seine Frau hätten wieder weiterziehen müssen. Deshalb bezahlte er Magnus' Hotelrechnung und gab ihm Geld für die Reise nach Malta. Als Gegenleistung gab Magnus ihm einen Scheck über 7 Guineen – das Honorar für einen Artikel, der nur deshalb angenommen worden war, weil Lawrence ihn überarbeitet hatte.

Auf Malta ließ Magnus sich durch Lawrence bei einer Familie einführen; von ihr «mietete» er ein Landhaus und lieh sich 60 Pfund. Einige Monate später las Lawrence in der Zeitung, die Polizei von Malta sei mit einem Haftbefehl bei Magnus erschienen, der sich daraufhin vergiftete und auf einem Zettel die Anordnung hinterließ, er wünsche ein Begräbnis «erster Klasse».

Magnus vermachte seine Papiere und Manuskripte Norman Douglas, aber die geprellten Malteser wollten diesem die «Memoirs» nicht aushändigen. Sie übergaben sie Lawrence, der seine glänzende *Introduction* zu diesen Memoiren schrieb, das Buch veröffentlichte und davon Magnus' Schulden auf Malta bezahlte. Er selbst begnügte sich mit dem halben Erlös, obwohl das Buch nur seines Namens wegen gekauft wurde.

Norman Douglas hat später eine böswillige Broschüre verfaßt, in der er die Vorgänge so darzustellen sucht, als sei Lawrences «Geiz» Schuld gewesen an dem Tode von Maurice Magnus – obwohl Lawrence diesem Geld gegeben und er, Douglas, es nicht getan hatte. Lawrence wurde also zunächst von Magnus betrogen und dann von Douglas verleumdet.

Im Jahre 1920 reiste Lawrence sehr viel, fast ausschließlich in Italien. Ein Ausflug nach Sardinien, der zehn Tage dauerte, ließ *Sea and Sardinia* entstehen, eines der poetischsten Reisebücher, die ich kenne. Wie *Twilight in Italy* ist es vielleicht sogar poetischer als viele seiner Gedichte, wobei ich freilich den Band *Birds, Beasts and Flowers* ausnehmen möchte, der von vielen als sein schönster und originellster Beitrag zur lyrischen Dichtung angesehen wird.

Lawrence widmete sich während dieser Zeit auch anderen Arbeiten. Seinen Notizen entnehmen wir, daß er im Februar 1920 die Ausgabe seines Romans *Women in Love* vorbereitete, die in New York veröffentlicht wurde. In England erschien das Buch erst im Mai 1921 und führte zum Bruch mit allen, die sich darin satirisch porträtiert fanden. Heseltine strengte gegen Lawrence einen Prozeß wegen Verleumdung an, doch sein Zorn wurde besänftigt durch die Zahlung von 50 Pfund und ein paar Änderungen im Text des Romans. Im November 1920 erschien auch die erste englische Ausgabe von *The Lost Girl*, jenem Roman, den Lawrence als Imitation der Bücher von Arnold Bennett vor dem Krieg in Bayern geschrieben hatte. Er hatte das Manuskript in Deutschland gelassen, als er nach England fuhr, um dort zu heiraten, und erhielt es erst nach dem Krieg zurück. Er schrieb eine zweite Fassung, die ihm besser gelang als die erste. Der letzte Teil des Romans ist bei weitem der beste; er verarbeitete eigene Erlebnisse Lawrences in Italien.

Lawrence arbeitete damals an Kurzgeschichten und vervollständigte seine Studien über amerikanische Literatur, die er später freilich noch einmal überging, nachdem er Amerika näher kennengelernt hatte. Als Friedas Mutter im Sommer 1921 schwer erkrankte, machten die Lawrences ihr einen Besuch in Deutschland. Während dieses Besuchs arbeitete Lawrence an seiner *Fantasia of the Unconscious* (1923 veröffentlicht), die eine Art Fortsetzung seines Werkes *Psychoanalysis and the Unconscious* darstellt, das im Mai 1921 erschienen war. Außerdem arbeitete er an dem Roman *Aaron's Rod*, in dem er die Freunde karikierte, die 1917 versucht hatten, ihm zu helfen. In diesem Roman kommt Lawrence auf seine eigenartige Leidenschaft für Middleton Murry zurück, für Aaron, *dessen Stab größer war als die anderen*.

Die Jahre 1920 bis 1922 waren für sein künstlerisches Schaffen sehr fruchtbar; auch seine finanzielle Lage besserte sich zusehends. Ein altes Notizbuch von Lawrence enthält ab Februar 1920 Eintragungen über abgeschlossene Verträge, Vorschüsse, Tantiemen und Zeitschriftenhonorare. Nachdem der Alptraum des Krieges vorüber und Lawrence dem Zwang in England entkommen war, war sein Erfolg als Schriftsteller nicht zu verhindern. Dieser Erfolg beruhte hauptsächlich auf den amerikanischen Ausgaben und den Übersetzungen seiner Bücher. Amy Lowell schickte ihm weiterhin gelegentlich einen Scheck über 100 Dollar. Seine Freundin Catherine Carswell hatte ihm einen Scheck über 50 Pfund geschenkt, den er im Notfall einlösen sollte. (Sie hatte das Geld als Preis erhalten.) Am 31. Mai 1920 verbrannte er den Scheck, weil er Vertrauen in die Zukunft hatte.

Die – relative – finanzielle Unabhängigkeit erleichterte den Lawrences das Reisen sehr und machte ihr Leben leichter und glücklicher, als es seit 1914 je gewesen war, aber sie konnte Lawrence nicht vor den Stürmen bewahren, die er selbst durch seine boshaften persönlichen Angriffe und Karikaturen heraufbeschwor. Die erste und schlimmste Satire dieser Art findet sich in der Geschichte *England, My England* und gilt einem Mann, der einst Lawrences Freund gewesen war und kurz nach Veröffentlichung der Geschichte an der Westfront verwundet wurde und starb. Lawrence zog die Geschichte daraufhin nicht zurück, sondern machte sie sogar zur Titelerzählung des Sammelbandes *England, My England*.

Die Isola Bella bei Taormina

Dieser Verstoß gegen den guten Geschmack hatte weiter keine Folgen. Aber als Lawrence und seine Frau im September 1921 nach Sizilien zurückkehrten, mußten sie feststellen, daß die englische Ausgabe von *Women in Love* heftige Entrüstung erregt hatte. Eine üble Zeitschrift, die bezeichnenderweise «John Bull» hieß und den Vorurteilen und Instinkten der niederen Klassen in England schmeichelte, war Lawrence von jeher feindlich gesinnt. Die einst gegen den Roman *The Rainbow* begonnene Kampagne setzte sie jetzt gegen das Buch *Women in Love* fort, indem sie erklärte, das Werk sei «eine abscheuliche Studie über die Sittenverderbnis, die der Jugend zum Verhängnis werden könne» – was eine Lüge ist – und boshaft hinzufügte, es handle sich um «ein Buch, das die Polizei beschlagnahmen solle». Lawrence konnte es sich leisten, Bottemley, den Heraus-

geber dieses vulgären Blattes, mit Verachtung zu strafen (dieser wurde kurz darauf wegen Betruges zu einer Freiheitsstrafe verurteilt), doch dann schrieb ihm sein Verleger, Heseltine drohe mit einer Verleumdungsklage, und sein Agent teilte ihm mit, der neue Roman *Aaron's Rod* könne nicht veröffentlicht werden, weil er «voller Verleumdungen» sei.

Die Post brachte Lawrence also «nichts Schönes». Einen Monat lang *haßte er sie alle* und schrieb ihnen *so gehässige Briefe, daß der Briefträger jetzt nie mehr kommt.* In der Tat, Lawrence wurde «geschnitten», und das hatte er nicht gern.

Es ist eine Welt von Canaille; *ganz und gar. Canaille, canaglia, Schweinehunde, Stinktöpfe! Pfui! – pscht, puh, prrr!! Ihr Gestank steigt mir in die Nase!*

D. H. Lawrence. Gemälde von Jan Juta, 1920 in Taormina gemalt

Die Heftigkeit dieser und ähnlicher Ausrufe zeigt, wie sehr Lawrence unter der Ablehnung und Verdammung litt, die er freilich zum Teil selbst verschuldet hatte. Denn – der letzte Teil des Romans *Aaron's Rod* und die Themen der Bücher, die er anschließend schrieb, beweisen es – das Problem, das Lawrence jetzt beschäftigte, war das Problem der Macht, und er begann jetzt im Ernst, sich immer mehr als den «Führer der Menschheit» zu sehen. Der Salvator Mundi von einst wurde anspruchsvoller und verlangte unter anderem «völlige Unterwerfung» von Frieda und dem Kreis seiner «Schülerinnen».

Lawrence begann Sizilien und Europa überhaupt zu hassen; er gab jedoch später selbst zu, daß er sich nur gegen sich selbst empörte. Eine Lösung seiner Probleme kam durch ein Werk, das wir der besten Seite seiner wunderbaren Begabung verdanken: *Sea and Sardinia*. Teile dieses Buches waren in der amerikanischen Zeitschrift «The Dial» erschienen. Eine reiche, den Indianern freundlich gesonnene Amerikanerin namens Mabel Dodge, die in Taos, New Mexico, lebte und ihren Grundbesitz dort zu einer «Künstlersiedlung» ausbauen wollte, las diese Auszüge mit echter Begeisterung. Wenn es ihr gelang, Lawrence nach Mexiko zu locken, und wenn ihm die Gegend so gut gefiel, daß er in seiner faszinierenden Art über sie schrieb, war der Erfolg ihres Vorhabens gesichert. Sie schickte Lawrence eine herzliche Einladung. Etwa um die gleiche Zeit waren zwei andere Amerikaner, Mr. und Mrs. Brewster, die Lawrence sehr schätzte, nach Ceylon gegangen, um den Buddhismus zu studieren, und drängten ihn, nachzukommen.

Lawrence durchlitt Qualen der Unschlüssigkeit, er konnte sich nicht entscheiden. Sollte er nach Amerika gehen oder nicht? Falls ja, sollte er westwärts über New York fahren oder ostwärts über Ceylon und Australien? Endlich, am 26. Februar 1922, gingen die Lawrences an Bord der «Osterley», die sie von Neapel nach Colombo bringen sollte. Friedas Begeisterung über diese Reise kannte keine Grenzen, sie hatte schon immer Europa verlassen wollen. Als sie an Bord ging, schleppte sie das Seitenstück eines sizilianischen Wagens mit – «auf der einen Seite war ein Turnier dargestellt, auf der anderen die heilige Genoveva».

Es ist bezeichnend für Lawrence, daß er all seine Sorgen, Fehden und Haßgefühle vergaß, als das große Schiff den Hafen verließ. Sofort war er völlig Auge und Ohr für die Welt, die er nun erforschte, und ganz erfüllt von *heiterer, kindischer Wißbegier*. Der Brief an seine geliebte deutsche Schwiegermutter, in dem er die Reise durch das östliche Mittelmeer und den Suezkanal beschreibt, gibt ein sehr lebendiges Bild von den Schönheiten, die sich ihnen boten, und spiegelt seine innere Fröhlichkeit.

Sie kamen in Ceylon an und wohnten zusammen mit ihren amerikanischen Freunden in einem geräumigen Bunalow. Frieda wußte sehr wirkungsvoll zu berichten, wie Lawrence sich zum Spaß vor den sehr antiimperialistichen Brewsters wie ein echter britischer Sahib aufführte.

Während ihres Aufenthalts in Ceylon kam der Prince of Wales dorthin, und Lawrence schrieb ein Gedicht, in dem er ihn tadelte, weil er nicht genügend stolz und gebieterisch aufgetreten sei.

Da das Klima in Ceylon für einen Schwindsüchtigen viel zu heiß war, reisten die Lawrences vernünftigerweise im April 1922 weiter nach Australien. Sie blieben eine kurze Zeit in Westaustralien und fuhren dann zu Schiff nach New South Wales, wo sie in Thirroul einen Bungalow bezogen. Hier schrieb Lawrence von Ende Mai bis Anfang August fast das ganze Buch *Kangaroo* – ein außerordentliches Bravourstück, denn Lawrence schrieb jeweils an einem Kapitel, während er das nächste erlebte. Gelegentliche Kontakte mit den Einwohnern genügten Lawrences fast übernatürlicher Intuition. Ich zitiere aus *Kangaroo* eine Beschreibung des Landes, über die sich viele Australier sehr geärgert haben:

Die Lawrences in Thirroul, New South Wales, Australien, 1922

Je mehr ich von der Demokratie sehe, um so mehr mißfällt sie mir. Sie senkt alles auf das ordinäre Niveau von Löhnen und Preisen, von elektrischem Licht und WCs und sonst nichts. Niemals habe ich etwas so Nichtiges, Nullus, niente, gesehen wie das Leben hier. Sie verdienen gut, sie tragen modische Schuhe und alle Mädchen haben Seidenstrümpfe ... sie sind immer auf eine unbestimmbare und sinnlose Weise in Betrieb. Und alles erscheint so leer, so nichtig, daß es einen fast krank macht. Sie sind gesund und für mein Gefühl fast blöde. So geht es, wenn man in einem neuen Land lebt: man wird so materialistisch, so äußerlich, *daß das innere Leben und das innere Selbst stirbt und man herumtrappelt wie ein mechanisches Spielzeugtier.*

In *Kangaroo* nimmt Lawrence das Thema der Macht, der persönlichen Macht, das ihn schon im zweiten Teil von *Aaron's Rod* beschäftigt hatte, erneut auf und entwickelt es weiter. In *Aaron's Rod* wird dem Aaron (einem idealisierten Middleton Murry) ganz offen erklärt, er möge die überlegene «Macht» Lilleys (eines idealisierten Lawrence) anerkennen und sich ihr unterwerfen. Die politischen Gewaltakte, die in *Kangaroo* vorkommen, ereigneten sich bestimmt nicht während Lawrences Aufenthalt in Australien, doch heißt es, daß später dort ähnliches geschah, was wiederum ein Beispiel für Lawrences visionäre Vorausschau ist, wenn auch ein weniger erstaunliches als seine Prophezeiung, es werde einen zweiten Weltkrieg geben, die er am Tage des Waffenstillstandes im Jahre 1918 aussprach. Ich halte es für möglich, daß die politischen Szenen aus *Kangaroo* eine Transposition der politischen Kämpfe zwischen der Rechten und der Linken darstellen, die Lawrence in Italien und Sizilien kennengelernt hatte. Seine persönliche Macht versucht Lawrence in diesem Buch einer idealisierten Frieda aufzuzwingen, wobei er jedoch selbst zugibt, daß Frieda keineswegs gewillt war, sich seiner männlichen Überlegenheit zu unterwerfen.

Die beiden Kapitel, die mit erstaunlicher Lebendigkeit und Eindruckskraft die Erlebnisse der Lawrences in England während des Krieges schildern, habe ich schon erwähnt. Die «Formalisten» (unter ihnen Norman Douglas) haben diese beiden Kapitel verächtlich als einen Mangel des Buches kritisiert, als etwas, das nicht hineingehöre, das die Symmetrie des Werkes störe. Die beiden Kapitel sind jedoch ein wesentlicher und organischer Bestandteil, denn sie erklären, wie und warum zwei so ungleiche Charaktere wie Somers und seine deutsche Frau in Australien sind und warum Jack plötzlich Somers angreift und ihn einen «Spion» heißt.

Im August 1922 fuhren die Lawrences von Sydney nach San Francisco; unterwegs legte das Schiff in Wellington (Neuseeland) und in Raratonga und Tahiti an. Mabel Dodge Luhan und ihr indianischer Ehemann empfingen die Lawrences sehr gastfreundlich. Doch mit echt amerikanischer Ungeduld schickte Mabel Dodge den Dichter, der noch müde war von seiner fünftägigen Autofahrt durch die Wüste, gleich zu den Apache-In-

Blick auf die Ranch von Mrs. Dodge Luhan

dianern, die gerade eines ihrer großen Feste feierten. Als Lawrence zurückkehrte, mußte er zu seinem Ärger feststellen, daß Frieda, von Mrs. Luhan ausgefragt, Geheimnisse ausgeplaudert hatte, die sie besser für sich behalten hätte. Es war der Anfang des unvermeidlichen Zusammenstoßes zwischen der herrschsüchtigen Amerikanerin und dem noch herrschsüchtigeren «kleinen Engländer». Aber Lawrence hatte die schöne Gegend um Taos herum in sein Herz geschlossen, besonders die kleine Ranch hoch oben in den Bergen, die Mrs. Luhan ihm geschenkt hatte. Zum Dank dafür hatte er ihr das Manuskript von *Sons and Lovers* überreicht. Das Leben im Freien, das Leben mit Pferden, das Leben der Indianer gefiel Lawrence sehr.

Manche Kritiker machen sich häufig gar nicht die Mühe, die Bücher, die sie besprechen, genau zu prüfen; oft fällen sie schon nach oberflächli-

cher und ungenauer Lektüre die erstaunlichsten Urteile. So hat man Lawrence immer wieder vorgeworfen, er predige «die Rückkehr zur Barbarei» oder «zur Primitivität» oder sogar «zur Amöbe». Und zwar nur, weil Lawrence mit seiner ungewöhnlichen Einfühlungsgabe die Tänze, Riten und religiösen Ansichten der Indianer so beschrieben hat, als sei er einer von ihnen. Er weist jedoch den Gedanken, zu diesen Formen des Lebens zurückzukehren, ausdrücklich zurück:

Ich hatte nicht teil daran, und ich wußte es ... Wenn ich zurückdenke ... sehe ich die dunklen Gesichter um das nächtliche Feuer und spüre mein Blut im gleichen Rhythmus pulsen wie das ihre. Doch ich will nicht zu ihnen zurück, nein, nie! Ich will sie nicht verleugnen und ich will nicht mit ihnen brechen. Doch es gibt keinen Weg zurück. Immer vorwärts, immer weiter ...

Das Leben in Mrs. Luhans geschmackvollem Landhaus, das wie für Touristen eingerichtet war, mißfiel Lawrence sehr bald; deshalb verbrachte er den Winter hoch oben im Schnee der Rocky Mountains in einer Lehmhütte. Allein hätten Lawrence und Frieda dort nicht die ganze Zeit ausgehalten, doch sie lernten zwei junge dänische Maler kennen, die gerne bereit waren, den Winter in einer Nachbarhütte zu verbringen, und die als Gegenleistung für Wohnung und Kost Feuerholz heranschafften und andere schwere Hausarbeit verrichteten. Dort, in den Rocky Mountains,

Das Wohnhaus der Kiowa Ranch

Landschaft bei Taos. Blick aus dem Haus, in dem Lawrence wohnte

ereignete sich in jenem Winter die Episode mit der kleinen Hündin, die Lawrence in seinem Gedicht *Bibbles* verewigt hat. Auch erreichte Lawrence dort oben die Nachricht, daß Katherine Mansfield gestorben sei, ohne ihm einen beleidigenden Brief zu verzeihen, den er ihr in einem seiner unsinnigen Wutanfälle geschrieben hatte. Das war für ihn ein schlimmer Schlag. Es hinderte ihn jedoch nicht daran, sich solchen Wutanfällen weiterhin hemmungslos hinzugeben. Die beiden Dänen berichten in ihrem Buch, daß Lawrence ihnen eines Tages eine flammende Rede hielt, in der er sie darüber aufklärte, daß es notwendig sei, *ein paar der so üblen und verächtlichen Bankiers, Industriellen, Kriegshetzer, Juristen und Intriganten aller Art* umzubringen. Das war eine Meinung, der kein anständiger Mensch widersprochen hätte; aber als Merrild, der eine der beiden Dänen, Lawrence fragte, wo man anfangen sollte, sagte Lawrence: *Zuerst werde ich Mabel Dodge umbringen.* Das war nun wieder reichlich ungerecht, denn letzten Endes hatte sie bei all ihren Fehlern und Ungeschicklichkeiten immerhin versucht, Lawrences Freundschaft zu gewinnen. Andererseits ist es falsch, anzunehmen, daß Lawrence in irgendeiner Weise finanziell von ihr abhängig war. Seinen Notizbüchern kann man entnehmen, daß er 1922 in Amerika 5439 Dollar und in England und Europa ungefähr 300 Pfund verdient hat. Das war damals ein recht gutes Einkommen, vor allem, da er nur 70 Dollar Einkommensteuer zu zahlen brauchte.

Ich habe nicht die Absicht, hier auf die gegen Lawrence geführte Polemik einzugehen, die Mabel Luhan und der langweilige amerikanische «Dichter» Witter Bynner veröffentlicht haben. Mrs. Luhan behauptet, Lawrence habe alles, was er über Indianer wußte, von ihrem Gatten erfahren und es dann ins alte Mexiko übertragen. Schade, daß Mr. Luhan nicht selbst darüber geschriebe hat! Was Bynner betrifft, so wird sein Buch über Lawrence von Jacques Temple, dem ausgezeichneten und gut unterrichteten Lawrence-Biographen, als «gemein und giftig» abgetan.

Von einem kurzen Besuch in England im Winter 1923/24 abgesehen, verbrachte Lawrence die drei Jahre zwischen September 1922 und September 1925 in New Mexico. Die Länge seiner jeweiligen Besuche in den USA wurde durch die prosaische Tatsache bestimmt, daß ein Touristenvisum eine Gültigkeit von nur sechs Monaten hat. Die Ausbeute seiner Besuche im alten Mexiko waren *The Plymed Serpent*, einer seiner wichtigsten Romane, und ein sehr schönes Reisebuch, *Mornings in Mexico*, das fast ebenso packend ist wie *Sea and Sardinia* und *Twilight in Italy*. Leider sind viele Werke von D. H. Lawrence statt nach literarischen nach rein kommerziellen Gesichtspunkten veröffentlicht worden. So hätten zum Beispiel die acht glänzenden Skizzen, aus denen *Mornings in Mexico* besteht, längst wieder herausgegeben werden müssen, vielleicht zusammen mit ähnlichen und verwandten Aufsätzen, die jetzt in dem allgemeinen Wust seiner unter dem Titel *Phoenix* veröffentlichten postumen

Lawrence und Frieda in Santa Fé, 1922. Fotografiert von Witter Bynner

Lawrence mit Frieda auf der Kiowa Ranch.
Die Vorhalle hatte er selbst gezimmert

Die Lawrences auf dem Markt in Oaxaca

Schriften untergehen. Die Aufsätze, die ich meine, heißen: *Taos; America, Listen to Your Own; See Mexico After; Europe v. America; New Mexico.* Unerklärlicherweise enthält die von Huxley besorgte Ausgabe der *Briefe* von D. H. Lawrence die erste und bessere Version des Aufsatzes *The Hopi Snake Dance.*

Die persönlichen Erlebnisse der Lawrences bei ihrer ersten Reise nach Mexiko können wir aus Lawrences Briefen und den Eingangskapiteln seines Romans *The Plumed Serpent* rekonstruieren. In diesem Mexiko-Roman tritt Lawrence nicht persönlich auf, doch Kate, die Heldin, ist offensichtlich Frieda, denn sie verleiht bei jeder Gelegenheit Lawrences Vorurteilen, Launen und Phobien kräftig Ausdruck. Offenbar war dieser erste Besuch in Mexiko für Lawrence kein schönes Erlebnis. Das Land war noch in gärender Unordnung begriffen, denn es hatte gerade eine Revolution hinter sich, deren einziges Ziel es gewesen war, den Politikern der Linken Macht und Geld in die Hände zu spielen. Verglichen mit dem bequemen amerikanischen Zug war der mexikanische Zug «schlampig», und die Gerichte im Speisewagen muteten die Lawrences «zweifelhaft» an. Nach der Kälte und den Nöten des Winters, den sie in den Rocky Mountains verbracht hatten, bat Frieda, sie möchten in einem guten Hotel Quartier nehmen. Doch sie konnte die anderen Gäste nicht ausstehen und fand, sie sähen «angemalt und unmoralisch» aus. Bynner lud Lawrence ein, eine Corrida mit ihm zu besuchen; Lawrence, der von der Kunst des Stierkampfes gar nichts verstand, reagierte so giftig wie eine alte Jungfer vom Tierschutzverein. Zu allem Übel schleppte man ihn in die Ausstellung eines jungen sozialistischen Malers. Lawrence fand die Bilder *wahnsinnig und mechanisch wie eine Mausefalle.* Der erboste Maler fragte Lawrence, ob er sich wie alle Touristen einbilde, alles über Mexiko zu wissen. Lawrence antwortete ihm darauf: *Ich weiß, was ich fühle, und ich will ein Taxi haben und nach Hause fahren. Ich will keine stupiden und vulgären Bilder mehr sehen.*

So groß war seine Enttäuschung, daß er daran dachte, augenblicklich nach Europa zurückzukehren, doch man überredete ihn, an den Chapala-See zu fahren, wo er und seine Frau ein möbliertes Haus mieteten. Sie bezogen es am 2. Mai 1923, und er begann sofort an dem Roman *The Plumed Serpent* zu arbeiten. Es scheint, als ob die ursprüngliche Fassung des Romans einfacher und kürzer war als das komplizierte Buch, das wir kennen, denn Lawrence hatte gehofft, die erste Niederschrift bis Ende Juli zu beenden. Er hatte sogar daran gedacht, an einem entlegeneren Teil des Sees ein Haus zu mieten und einzurichten; doch plötzlich, so lesen wir in seinen Briefen, fuhren die Lawrences nach New York, von Vera Cruz bis New Orleans zu Schiff, dann weiter mit dem Zug.

Was war geschehen? Das ist nicht so einfach zu sagen. Ein neuer politischer Umsturz drohte, und es wurde für Ausländer gefährlich, in Mexiko zu bleiben. Der wahre Gund aber war vermutlich Frieda. Obwohl sie

New York

bisher bei den Abenteuern in fremden Ländern die Führerin gespielt hatte, war sie der Unbequemlichkeiten und Gefahren müde geworden; zudem zog es sie wieder zu ihren Kindern in England. Nach dem Aufenthalt in der Wildnis erschien ihr das ruhige Leben in England sehr verlockend; deshalb wollte sie den Sommer in der Nähe ihrer Kinder in Devonshire verbringen. Lawrence scheint ursprünglich die Absicht gehabt zu haben, Frieda nach Europa zu begleiten, denn in einem Brief vom 31. Mai 1923 teilt er seiner Schwiegermutter mit, daß sie Ende Juni nach Europa zurückkehren würden.

Es ist nicht klar, was damals in New York passierte; offenbar hatte sich Lawrence plötzlich entschlossen, nicht nach England zu fahren. Obwohl viel dafür und dagegen geschrieben worden ist, scheint es erwiesen, daß die beiden einen fürchterlichen Streit hatten, im Hafen, kurz vor Friedas Abreise. Sie gab nicht nach, und er blieb allein zurück, reiste ziellos umher, zuerst nach Buffalo, dann nach Chicago, schließlich nach Los Angeles – und dies aus dem einzigen Grunde, weil seine beiden dänischen Freunde sich dort aufhielten. Er hatte erwartet, daß Frieda sich bald einsam fühlen, ihn sehr vermissen und zu ihm zurückkehren werde. Doch sie genoß das Leben in England, und er begann sich ruhelos, einsam und unbehaglich zu fühlen. Er überlegte zeitweilig sogar, ob er sich von Frieda trennen sollte. Um von seiner Einsamkeit und Langeweile loszukommen, fuhr er wieder nach Mexiko, begleitet von einem der beiden dänischen Maler. Sie bereisten Sonora und Sinaloa und erreichten Mitte Oktober 1923 Guadalajara, das nicht weit von Chapala entfernt ist.

Dies war Lawrences erste Reise, an der Frieda nicht in irgendeiner Weise beteiligt war; weder begleitete sie ihn noch sollte sie ihn irgendwo treffen, wie das sonst immer der Fall gewesen war. Frieda hatte zwei Monate lang nicht geschrieben. Obwohl Lawrence so tat, als mache ihm das nicht aus, merkte sein dänischer Freund, daß er sehr beunruhigt war. Jedenfalls ist dies die einzige Reise, über die Lawrence in seinen Briefen langweilig und uninteressant berichtet; wahrscheinlich lag das an Friedas Abwesenheit. Wäre sie dabei gewesen, dann hätte er vermutlich ein ganz anderes Mexiko erlebt. Seine freie Zeit füllte er damit aus, daß er «The Boy in the Bush» bearbeitete, einen australischen Roman seiner Freundin Molly Skinner.

Allmählich mußte Lawrence sich an die sehr unbequeme Tatsache gewöhnen, daß Frieda nicht die Absicht hatte, zu ihm zurückzukehren und «ihn zu verehren und sich ihm zu unterwerfen», wie er es verlangte. Wenn er sie wiederhaben wollte, mußte er hinfahren und sie holen. Nach seinem Tode schrieb Frieda, sie glaube, daß sie unrecht gehandelt habe, als sie damals nicht zu ihm zurückkehrte; doch vergißt sie, zu sagen, daß sie zu jener Zeit sehr unter dem Einfluß von Lawrences Londoner Freunden stand, die ihn gern wieder in England haben wollten und nicht verstehen konnten, daß die Welt draußen für ihn als Künstler viel wichtiger und anregender war.

Lands End in Cornwall

Am 22. November 1923 fuhr Lawrence von Vera Cruz nach England. Als das Schiff den Kanal erreichte, waren gerade vier Jahre vergangen, seit Lawrence an Bord eines Kanaldampfers voller Gram und Widerwillen auf die schneebedeckten Klippen Englands geschaut hatte – England, das *wie ein grauer Sarg* hinter ihm versank. Jetzt kehrte er zurück:

Vier Jahre ist es her, daß ich die leichengraue Küste Kents, von winterlichem Schnee bedeckt, entschwinden sah. Seit vier Jahren versunken jetzt, abgesunken bis an den Horizont, nur von den letzten Strahlen der untergehenden Sonne gestreift, ganz unten am Lidrand des dumpfen, kalten Himmels, ein winzig schwaches Blinken nur, wie eine Botschaft. Das Licht von Lands End.

Dorothy E. Brett, um 1917

Die letzten Jahre

Diese unfreiwillige Reise hatte weiter kein Ergebnis als die Versöhnung mit Frieda. Nachdem Lawrence so viel darüber gepredigt und geschrieben hatte, daß es die Pflicht der Frau sei, sich ihrem Manne *zu unterwerfen*, war es für ihn sehr demütigend, zu entdecken, daß Frieda gut ohne ihn auskam und daß er gezwungen worden war, sie zu holen. Frieda hatte ihn auch wohl deshalb nach Europa zurückgenötigt, weil sie der Meinung war, daß er mit J. M. Murry bei der Herausgabe der neugegründeten Zeitschrift «Adelphi» zusammenarbeiten und daß dies fruchtbar für ihn werden könne. Der Erfolg ihrer Bemühungen in dieser Richtung war jedoch nur, daß sie Lawrence eifersüchtig und zornig machte. Eines Tages verlor Lawrence alle Selbstbeherrschung, zerschlug mit dem Feuerhaken eine Teekanne und rief: «Das nächste Mal wird es dein Kopf sein, Frieda!» Alle Anwesenden waren tief beeindruckt – bis auf Frieda, die wußte, daß er Unsinn redete. Gelassen fegte sie die Scherben zusammen und warf sie weg.

Obwohl er mit Murry nicht wirklich brach, ist es wahrscheinlich, daß sich damals in Lawrence jener nachtragende Groll gegen ihn bildete, der in den bitteren Geschichten *Smile, The Last Laugh und Jimmy and the Desperate Woman* seinen Ausdruck fand.

Als eine Erkältung ihn eine Zeitlang ans Bett fesselte, kreisten seine Gedanken um New Mexico und den unglücklichen Plan, dort die Kolonie *Rananim* zu gründen. Während des Krieges hatte er den Plan gehegt und gepflegt, weil er damals arm war und aus England hinaus wollte. Jetzt war die Situation eine andere. Lawrence verdiente recht gut – allerdings gab er auch einen großen Teil seines Einkommens für Reisen aus –, und so gewann der Gedanke an *Rananim* wieder Macht über ihn. Er beschloß, den Freunden, die er als Siedler (oder Opfer) ausersehen hatte, ein großes Essen im Café «Royal» zu geben und sie dann nach New Mexico einzuladen, damit sich dort *Rananim* endlich verwirkliche. Die Gäste waren Mary Cannan, Dorothy Brett, Catherine und Donald Carswell, John Middleton Murry, Mark Gertler und S. S. Koteliansky.

Das Ganze begann schon sehr unglücklich. Der Geschäftsführer des Café «Royal» war mißtrauisch, verlangte eine Anzahlung auf das Essen und weigerte sich, von Lawrence einen Scheck anzunehmen. Dieser mußte also fortgehen, um Bargeld zu holen. Die kleine Gesellschaft war ungünstig zusammengestellt, denn einige der Gäste kannten die anderen nicht, und Lawrence selbst hatte Dorothy Brett acht Jahre lang nicht gesehen. Die Stimmung während des Essens war kühl und mißtrauisch, und Lawrence versuchte, seine Gäste fröhlicher zu stimmen, indem er ihnen Wein anbot, Rotwein und danach Porter, von dem er selbst recht viel trank. Lawrence trank im allgemeinen wenig; deshalb stieg ihm der Wein sehr schnell zu Kopf, und er machte sich ein wenig lächerlich, indem er darauf bestand, Spanisch zu sprechen. Dann hielt er, obwohl er schon «bleich und beängstigend krank» aussah, eine Rede über seinen Kampf mit der Welt. Er beschloß seine Rede mit der Einladung an alle, mit ihm nach Mexiko zu gehen «und ein neues Leben anzufangen». Alle nahmen die Einladung an, bis auf Mary Cannan. Murry stand auf und küßte Lawrence, und dieser sagte: «Verrate mich nicht!», worauf Murry antwortete:

«Ich hab dich gern, Lorenzo, aber ich kann nicht versprechen, daß ich dich nicht verraten werde.»

Und dann fiel Lawrence plötzlich bewußtlos vornüber und erbrach sich über das Tischtuch.

Am 24. März 1924 fuhren die Lawrences wieder nach Amerika, begleitet von Dorothy Brett, die als einzige ihr Versprechen, in *Rananim* zu leben, ernst genommen hatte. Lawrence und seine Frau bezogen in Taos eines der Häuser, die Mabel Luhan gehörten, während Dorothy Brett in einem Atelier wohnte. Aber sie kamen irgendwie nicht miteinander aus und zogen auf die Kiowa Ranch, die Mrs. Luhan ihnen geschenkt hatte.

Hier war Lawrence eine Zeitlang wirklich glücklich. Er arbeitete mit eigener Hand daran, das Haus zu reparieren und Wasser von den Bergen herabzuleiten. Der kleine Garten, den er dort anlegte und den ich 1942 sah, glich genau einem englischen Küchengarten, denn auch ein paar Reihen Kohl und blühende Johannisbeeren fehlten nicht. Lawrence schloß die Ranch immer mehr in sein Herz. Wer sich für Lawrence interessiert, sollte die letzten Seiten seines Werkes *St. Mawr (Der Hengst St. Mawr)* lesen; sie enthalten einen wortschönen Lobgesang auf die Ranch und den herrlichen Ausblick auf die Berge und die Wüste, über die sie sich erhebt.

Die vorangehenden Teile von *St. Mawr* spiegeln jedoch so viel Menschenhaß, daß Frieda ganz bestürzt war, als Lawrence sie ihr vorlas; ihr Rat, sich zu mäßigen, machte ihn natürlich nur noch gehässiger. In der erbarmungslosen Sonnenglut überanstrengte er sich; ein Hustenanfall brachte einen Blutsturz. Er erholte sich jedoch schnell und wütete gegen Frieda, weil sie einen Arzt geholt hatte. Im August fuhren sie mit den Luhans über die Wüste zu den Indianern, um den Tanz zu sehen, den Lawrence in der lustigen ersten Fassung des *Hopi Snake Dance* verewigt hat.

Die Lawrences und Miss Brett scheinen ein wenig länger in den USA

D. H. Lawrence. Bildnis von Dorothy E. Brett, gemalt 1925 auf der Kiowa Ranch

geblieben zu sein, als es ihr Visum ihnen eigentlich erlaubte, denn sie reisten erst am 24. Oktober 1924 von dort ab. Lawrence fuhr noch einmal nach Mexiko, trotz der gespannten politischen Lage, die einen militärischen Schutz der Züge notwendig machte. Er fuhr deshalb nach Mexiko, weil sein Roman *The Plumed Serpent* erst zur Hälfte geschrieben war, und weil Lawrence, bewußt oder unbewußt, stets bereit war, sich selbst und andere für das Buch, an dem er gerade schrieb, zu opfern.

Tatsächlich vollendete er jetzt den ungewöhnlichen und in mancher Hinsicht sehr schönen Roman; sonst aber war diese Reise für ihn ebenso verfehlt wie sein Besuch in England. Er fand Mexico City *schäbig und niederdrückend;* alle Welt war erkältet; er erhielt eine Nachricht von Somerset Maugham, auf die er, da er sie falsch auslegte, feindselig reagierte; ein Abend mit dem PEN-Club verlief äußerst unglücklich. Doch dann half ihnen der britische Vizekonsul, von Mexico City nach Oaxaca zu fahren, einer kleinen Stadt mit *idealem Klima*: *Sonne und Rosen*. Dort vollendete Lawrence in der Zeit vom 18. November 1924 bis Ende Januar 1925 den Roman *The Plumed Serpent* und mindestens vier von den Essays aus *Mornings in Mexico*. Doch inzwischen gab es neue Schwierigkeiten: Frieda war eifersüchtig auf Dorothy Brett und machte Lawrence Szenen. Sie bestand darauf, daß das Mädchen ungeachtet der politischen Wirren allein nach Mexico City zurückgeschickt werde. Das war *Rananims* trauriges Ende.

Der größere Teil des Romans *The Plumed Serpent* befaßt sich damit, was Lawrence mit Mexiko anfangen würde, wenn er der politische und religiöse Führer des Landes wäre, und mit den alten und furchtbaren Göttern Mexikos.

Lawrence mußte jedoch feststellen, daß diese zerstörerischen Götter nicht leicht zu besänftigen waren. Plötzlich erkrankte er fast gleichzeitig an Malaria und an Ruhr, zwei hinreichend ernsten Krankheiten, die natürlich bei einem Menschen, der ohnehin schon an Tuberkulose litt, doppelt gefährlich waren. Es ist deshalb nicht erstaunlich, daß der mexikanische Arzt fürchtete, Lawrence könne sterben, und er werde dafür zur Verantwortung gezogen. Fast gleichzeitig mit der Krise brach ein entsetzliches Gewitter los, auf das der gewaltige Stoß eines Erdbebens folgte. «Zu meinem Entsetzen», schreibt Frieda, «sah ich, wie die Balken meines Zimmers sich aus ihren Lagern hoben und wieder hineingestoßen wurden. ‹Wenn das Dach einstürzt, kriechen wir unter das Bett!› rief ich.» Doch was sie am tiefsten erschütterte und aufwühlte war nicht das Erdbeben, sondern der Augenblick, als Lawrence glaubte, er werde sterben, und zu ihr sagte: *Wenn ich sterbe war nichts von Belang außer dir, gar nichts.*

Englische und amerikanische Freunde sorgten dafür, daß man Lawrence von seinem Haus ins Hotel in Oaxaca brachte, wo er besser gepflegt werden konnte. Außerdem veranlaßten sie das Nötige, damit die Law-

Indianischer Tänzer. Zeichnung von D. H. Lawrence

Landschaft südlich der Kiowa Ranch

rences nach Mexico City zurückkehren konnten. Auf der Reise war Lawrence wieder so krank, daß Frieda «wie eine Wahnsinnige» weinte und zu sich selber sagte: «Er wird nie wieder ganz gesund werden, er ist krank, zum Tode verurteilt. All meine Liebe, all meine Kraft kann ihn nicht heilen!» Und die Fachärzte in Mexico City hatten ebensowenig Hoffnung. «Mr. Lawrence hat Tuberkulose», sagten sie zu ihr und fügten hinzu: «Bringen Sie ihn auf die Ranch; das ist seine einzige Chance. Er hat eine Tbc dritten Grades. Er lebt vielleicht noch ein Jahr, höchstens zwei Jahre.» Eine Seereise hielt man für allzu gefährlich. Doch es war auch nicht leicht, den Kranken über die Grenze der USA zu bekommen. Frieda schreibt, die Beamten der Einwanderungsbehörde hätten ihnen in übelster Weise Schwierigkeiten bereitet. Nur durch Fürsprache der amerikanischen Botschaft in Mexico City durften sie endlich einreisen.

Als man Lawrence auf die Kiowa Ranch brachte, schien es, als werde er bald sterben; er konnte kaum aufrecht stehen. Der unfreundliche Brief, den er seiner treuesten Freundin Dorothy Brett schrieb, zeigt, wie sehr sein geistiges und seelisches Gleichgewicht gestört war. Der Arzt, der sein baldiges Ende vorausgesagt hatte, schien recht zu behalten. Doch Lawrence hatte einen erstaunlichen Lebenswillen. Wenige Wochen nach seiner Rückkehr schon schwang sich der kranke Mann mit der Behendigkeit eines Cowboys in den Sattel seines Pferdes, den er vorher nur mühselig erklettert hatte. Und derselbe Lawrence, der so wehmütig und ernst zu seiner Frau gesagt hatte: *Nichts war von Belang – außer dir*, stritt jetzt wieder ebenso häufig und ebenso heftig mit ihr wie je. Er liebte diese Ranch, und sie schenkte ihm Lebenskraft:

O Schönheit, unendliche Schönheit zu jeder Stunde des Tages: sei es die vollkommene Durchsichtigkeit des Morgens oder die Bergkette hinter der brütenden Wüste am Nachmittag oder das purpurne Verschmelzen der nördlichen Hügel, nachts, unter einer roten Sonne. Oder der Staub, hoch aufgewirbelt, weithin über die Wüste ziehend, wie Wolkensäulen am Tage, diese mächtigen vornüber geneigten Säulen aus Staub, in gespenstischer Eile weiterhastend: oder das Frühjahr, wenn sich plötzlich am Morgen ein ganzes Meer von wahrhaftigem Weiß anschickte, niederzufahren, wenn ein greifbarer Nebel geschmolzenen Schnees, geisterweiß in der Bergsonne, die Welt unter sich auslöschte: oder wenn schwarzes Regengewölk sich niedersenkte, weit über die Wüste hin, und Blitz mit schneidend weißen Spitzen auf den Horizont zustieß: oder die Wolke wanderte und brach auf über uns, daß Ströme flüssigblauen Feuers, dem Himmel entronnen, auf die Erde platzten, Hagel niederprasselte, als ob dort oben eine Welt von Eis in Splitter gegangen sei: oder wenn die Sonne, weiß, wieder hervorbrach, oder Schnee sich herabsenkte, schwer und schweigend oder wenn die Welt blendend-weiß unter dem blauen Himmel lag und man schnell unter Kiefern Schutz suchen mußte vor jener gewaltigen, weißen, zurückschlagenden

Villa La Mirenda in Scandicci bei Florenz

Helle, die sich auf einen stürzte und einem fast das Bewußtsein verschlug, inmitten des Schnees. Immer war es schön, immer.

Aber was bedeutet Schönheit für die Bürokratie? Das Visum, das ausnahmsweise und «aus Gründen der Menschlichkeit» ausgestellt worden war, verlor im September 1925 seine Gültigkeit. Im September 1925 verließ Lawrence die USA. Er sollte sie nie wieder betreten.

Also zurück nach Europa, nach England, wo er eine Autotour durch seine *geliebten Midlands* machte. Die Häßlichkeit und Dummheit, denen er in diesem Gebiet, wo der englische Industrialismus am weitesten gediehen war, auf Schritt und Tritt begegnete, erfüllten ihn mit Entsetzen. Lawrence hat seinem Abscheu in der Schilderung von Connies Autoreise in *Lady Chatterley's Lover* leidenschaftlich Ausdruck verliehen. Seltsam, daß sein Grauen vor dem Industrialismus ihm gerade diesen Roman eingab! «Wie kann die Menschheit sich aus dieser leblosen Daseinsform retten?» fragte er sich. Und seine Antwort, an die er sich während jener Autoreise herantastete, war schließlich *Lady Chatterley's Lover*.

Die Lawrences fuhren nach Baden-Baden, dann auf ein paar Tage in die Schweiz und dann nach Spotorno an der italienischen Riviera. Er arbeitete damals an kleineren Werken wie *Glad Ghosts* und *The Virgin and the Gipsy (Das Mädchen und der Zigeuner)*. Mit 40 Jahren hatte er bereits ein literarisches Lebenswerk vollendet, das sich als unvergänglich erwiesen hat. In den drei Jahren, die ihm noch geschenkt wurden, vermehrte er es noch, doch selbst *Lady Chatterley's Lover* und *Last Poems* gehören der Nachlese seines Schaffens an. Er war vom Tode gezeichnet, und er wußte es.

In den folgenden Monaten ereignete sich ein weiterer Bruch zwischen Lawrence und seiner Frau; «rumpus» nannte es Frieda in ihrer profunden Kenntnis des englischen Slangs. Friedas jüngere Tochter, die jetzt erwachsen war, wohnte bei ihnen. Lawrence war krankhaft eifersüchtig, selbst auf diejenige, der Friedas mütterliche Liebe galt. Eines Tages steigerte er sich in eine solche Wut hinein, daß er Frieda ein Glas Wein ins Gesicht schleuderte. Empört über diese Beleidigung und über die verletzenden Äußerungen von Lawrences Schwester, die in diesem Augenblick erschien, schickte Frieda ihn auf der Stelle nach Neapel, zu «seiner Brett», die ihm aus Mexiko gefolgt war. Natürlich wollte Lawrence nicht Brett, sondern Frieda, doch sie war jetzt seiner Wutanfälle und Beleidigungen so müde, daß sie nichts mehr von ihm wissen wollte. Es war eine Ironie des Schicksals, daß es ausgerechnet ihre Kinder aus der Ehe mit Professor Weekley waren, die sie mühsam überredeten, mit dem Mann, für den sie so viel geopfert hatte, weiterhin zusammen zu leben.

Er durfte endlich zurückkommen. Frieda und ihre Töchter empfingen ihn, «alle festlich gekleidet». Im Kampf der Geschlechter, den er eröffnet hatte, als er verlangte, sie als Frau solle sich seinem gebieterischen Willen fügen, hatte sie den Sieg davongetragen. Frieda schreibt: «Dann hatten wir alle vier unsere Ruhe!»

Sie fuhren von der Riviera aus südwärts und fanden Zuflucht in der Landvilla La Mirenda in Scandicci, Toskana, außerhalb der Stadt Florenz. Dies blieb ihr Hauptquartier bis Ende 1928.

Im Frühjahr und Sommer 1926 ruhte sich Lawrence aus und erholte sich von der Krankheit, die ihn im Vorjahr fast das Leben gekostet hatte, arbeitete nur an «Kleinigkeiten». Frieda und er machten lange Ausflüge. Er faßte den Plan zu jenen Essays, die später unter dem Titel *Etruscan Places* erschienen. Im Herbst begann er *Lady Chatterley's Lover* zu schreiben. Außerdem schrieb er *The Man Who Died (Der Mann, der starb)*, *Apocalypse*; und daneben schuf er in den letzten vier Jahren seines Lebens noch längere Erzählungen und Kurzgeschichten, Essays, seine *Pansies*, und die Gedichte, die postum als *Last Poems* veröffentlicht wurden. Er fand sogar die Zeit und Kraft, Artikel für englische Zeitungen zu schreiben. Diese bewundernswerte Kraftanstrengung vollbrachte ein Mann, den man für einen Sterbenden hielt, und der auch wirklich ein Sterbender war.

Lawrence, an einem Olivenbaum sitzend

Aus Briefen und anderen Zeugnissen können wir mit ziemlicher Gewißheit entnehmen, daß Lawrence mit der Niederschrift von *Lady Chatterley's Love* Mitte Oktober 1926 begonnen haben muß. Zu Beginn jenes Monats besuchte ich ihn in Scandicci, und ich erinnere mich gut, daß er zu der Zeit noch nicht arbeitete. Die lange Ruhezeit, die er sich nach dem furchtbaren Krankheitsanfall im Jahre 1925 gegönnt hatte, war ihm gut bekommen, aber er war noch sehr zart und hatte fast gar keinen Appetit, wie das in den letzten Stadien der Schwindsucht häufig vorkommt. Ich weiß noch, daß Frieda und ich nach Florenz fuhren, um auf seinen Wunsch ein bestimmtes Stück Kalbfleisch zu besorgen. Als es dann zubereitet war, aß er kaum davon.

Wann immer es anging arbeitete Lawrence im Freien, und man hat mir den Baum im Pinienwäldchen hinter der Villa la Mirenda gezeigt, unter dem er saß, als er *Lady Chatterley's Lover* niederschrieb. Diese erste Fassung entstand im Winter 1926/27, und wenn er vielleicht an warmen Tagen manchmal draußen saß, so hinderte ihn der toskanische Winter doch daran, es dauernd zu tun. Die beiden späteren Fassungen mögen allerdings unter jenem Baum entstanden sein. Es ist vielleicht erwähnenswert, daß amerikanische Moralisten *Lady Chatterley's Lover* als «das Produkt einer überheizten Stadtwohnung» gebrandmarkt hatten, aber das paßt wohl kaum auf einen Pinienbaum an einem Berghang mit dem Blick auf die Kuppel von Santa Maria dei Fiori in Florenz.

Im Januar 1927 kam Lawrences amerikanischer Freund Earl Brewster aus Indien nach Italien zurück; und im März desselben Jahres, nachdem die erste Fassung von *Lady Chatterley's Lover* beendet war, fuhr Frieda nach Deutschland, um ihre Familie zu besuchen. Lawrence bereiste derweil mit Brewster die alten etruskischen Stätten Cervetri, Tarquinia, Vulci und Volterra und sammelte Material für sein Buch *Etruscan Places*. Während dieser Reise zeigte Brewster Lawrence in einem Schaufenster ein Osterei, auf dem ein kleines Hähnchen zu sehen war, das aus dem Ei schlüpfte. Brewster sagte, man könne das nennen: «The Escaped Cock – a Story of the Resurrection.» Ich bin sicher, daß die von Brewster berichtete Episode stimmt und daß sie Lawrence zu der Erzählung *The Escaped Cock* anregte. Doch das Thema war nicht neu. Schon Remy de Gourmont hatte in seiner glänzenden Geschichte «Une Nuit au Luxembourg» erzählt, wie Jesus ins Leben zurückkehrt und seine früheren Lehren widerruft, vor allem diejenigen, die sich auf das Geschlechtliche beziehen. Außerdem war gerade zu der Zeit George Moores «The Brook Kerith» trotz seines hohen literarischen Wertes zu einem Bestseller geworden, und Lawrence war nie abgeneigt, sich den Erfolg eines anderen Autors zunutze zu machen.

Neben all diesen literarischen Arbeiten begann er wieder begeistert zu malen. Er schuf damals jene Bilder, die bei der Ausstellung in London die zarten Gefühle der Anwälte, Journalisten und Polizisten so sehr verletzten.

Lawrence und Frieda vor der Villa La Mirenda

Der Sommer des Jahres 1927 war heiß, besonders in der Toskana. Anstatt zu ruhen, wie die Ärzte es Lawrence befohlen hatten, arbeitete er, überarbeitete er sich; denn außer seiner schriftstellerischen Tätigkeit verrichtete er auch die Haus- und Gartenarbeiten, wie er es seit jeher getan hatte. An einem sehr schwülen Julitag des Jahres 1927 ließ er sich nicht davon abhalten, einen großen Korb Pfirsiche im Garten der Villa la Mirenda zu pflücken, und kam dann ins Haus, um Frieda stolz die schönen Früchte zu zeigen. Hier ihr trauriger Bericht:

«Ganz kurze Zeit darauf rief er aus seinem Zimmer nach mir mit seltsam gurgelnder Stimme. Ich lief zu ihm und fand ihn auf seinem Bett liegen. Er sah mich mit verstörtem Blick an, während ein langsam fließender Blutstrom aus seinem Mund quoll. ‹Sei still, sei ruhig!› sagte ich zu ihm. Ich hielt ihm den Kopf, doch das Blut floß langsam und beängstigend weiter aus seinem Mund. Ich konnte nichts weiter tun, als ihn zu halten und zu versuchen, ihn zu beruhigen und nach Dr. Gigliolo zu schicken.»

Sechs Wochen verstrichen, bis Lawrence genügend Kräfte gesammelt hatte, um mit Frieda nach Tirol zu reisen. Von dort aus fuhr er nach Baden-Baden, wo er einen bekannten Lungenspezialisten konsultierte, den er als *einen sanftmütigen Mann* bezeichnete, *sanftmütig wie Kartoffelpüree.*

Es war nur natürlich, daß Lawrence nicht mehr in Scandicci leben mochte, dem Ort, wo er eine so nahe Begegnung mit dem Tode gehabt hatte. Er spielte mit dem Gedanken, nach Devonshire in England zu gehen. Dann dachte er sogar daran, eine lange Seereise um die Welt zu unternehmen; schließlich aber blieb er doch in Italien, wohl deshalb, weil Frieda in Italien bleiben wollte. Er schrieb eine weitere Fassung von *Lady Chatterley's Lover*, bereitete eine Ausgabe seiner *Collected Poems* vor, die nicht immer glückliche Neufassungen mancher Gedichte enthielt, und fuhr fort, Bilder zu malen. Langsam, nach unendlich langem Zögern kam er zu dem Entschluß, *Lady Chatterley's Lover* zu veröffentlichen.

Er wußte sehr wohl, daß es unmöglich sein würde, eine ungekürzte Fassung des Romans in England oder Amerika zu veröffentlichen. Seine Verleger in London und New York lasen das Buch unabhängig voneinander und kamen zu dem Schluß, es könne angesichts der damaligen Gesetzgebung, die von bigottem Frömmlertum und der Heuchelei der Zeitungen beeinflußt war, nicht erscheinen. Andererseits wäre, wie der Londoner Verleger Secker sehr richtig darlegte, eine völlig «gereinigte» Ausgabe sinnlos gewesen. Lawrence war hartnäckig und zeigte Zivilcourage. Sein Plan war es gewesen, etwa tausend Exemplare der ungekürzten Ausgabe durch den Buchhändler Orioli in Florenz zu verteilen, falls eine gekürzte Ausgabe in England und Amerika zustande käme. Da das nicht möglich war, beschloß er, selbst eine Ausgabe zu finanzieren, indem er die Herstellungskosten auf sich nahm und Orioli für die Verteilung zehn Prozent überließ. Da ergab sich ein neues Problem. Sollte er das Buch nur

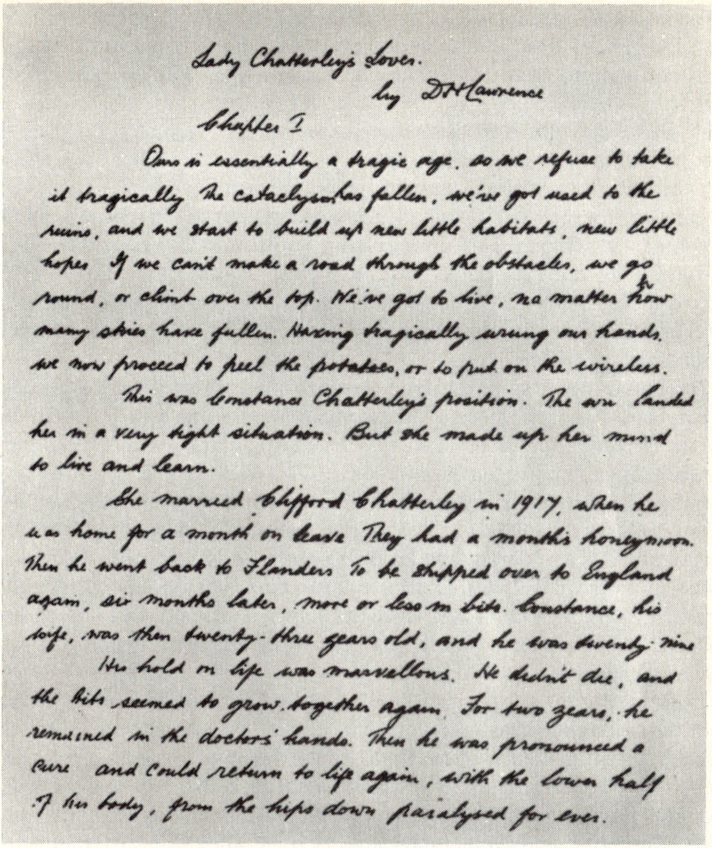
Lady Chatterley's Lover.

by D.H.Lawrence

Chapter I

Ours is essentially a tragic age, so we refuse to take it tragically. The cataclysm has fallen, we've got used to the ruins, and we start to build up new little habitats, new little hopes. If we can't make a road through the obstacles, we go round, or climb over the top. We've got to live, no matter how many skies have fallen. Having tragically wrung our hands, we now proceed to peel the potatoes, or to put on the wireless.

This was Constance Chatterley's position. The war landed her in a very tight situation. But she made up her mind to live and learn.

She married Clifford Chatterley in 1917, when he was home for a month on leave. They had a month's honeymoon. Then he went back to Flanders: to be shipped over to England again, six months later, more or less in bits. Constance, his wife, was then twenty-three years old, and he was twenty-nine.

His hold on life was marvellous. He didn't die, and the bits seemed to grow together again. For two years, he remained in the doctors' hands. Then he was pronounced a cure and could return to life again, with the lower half of his body, from the hips down paralysed for ever.

Die erste Seite der zweiten Fassung von «Lady Chatterley's Lover»

privat an Subskribenten verkaufen und selbst im Hintergrund bleiben, wie es Norman Douglas mit seinen schmutzigen «Limericks» getan hatte, oder sollte er das Buch öffentlich anerkennen und zu ihm stehen, indem er es an Kritiker sandte und es Buchhändlern anbot?

Mit großem Mut beschloß er, das Buch öffentlich erscheinen zu lassen, und obwohl das allererste Ergebnis vernichtend war, erwies es sich später, daß er den richtigen Weg gewählt hatte. Hätte er versucht, sich zu schützen, indem er das Buch nur privat verkaufte, so hätte er damit eingestanden, daß er selbst es für «schmutzig» hielt, und hätte trotzdem nicht verhindert, daß man ihn in der Presse angriff.

Bis zu einem gewissen Grade war Lawrence darauf vorbereitet, daß man ihn in allen Tonarten schmähen werde, denn er hatte zu Frieda gesagt, daß ihm die Veröffentlichung *neuen Haß und neue Verleumdungen* eintragen werde. Doch niemand hätte den hysterischen Ausbruch von Wut, Heuchelei und Haß voraussagen können, der nach dem Erscheinen von *Lady Chatterley's Lover* die englische Presse füllte. (Über das Echo in der amerikanischen Presse kann ich nichts aussagen, weil ich es nicht verfolgt habe, aber ich zweifle nicht daran, daß es ebenso schlimm war.) Das Ergebnis war, daß das Innenministerium sofort in Aktion trat. Die Post- und Zollbehörden beschlagnahmten alle erreichbaren Exemplare des Buches und vernichteten sie angeblich. Doch man kennt ja das Gebaren solcher Diener des Staates; ich bin sicher, daß sie sie ihren Freundinnen schenkten.

Zwei oder drei Freunde halfen Lawrence bei der Verteilung des Buches in England, indem sie riesige Pakete von ihm erhielten und, so lange der Vorrat reichte, Exemplare an Adressen verschickten, die Lawrence ihnen lieferte; doch im ganzen konnte nicht allzu viel nach England eingeschmuggelt werden. Auf dem Kontinent und in Amerika erschienen bereits unerlaubte Nachdrucke des Werkes, gegen die Lawrence nichts unternehmen konnte, da er nicht im Besitz eines Copyrights war. Der Lawrence-Bibliograph Edward D. McDonald meint, daß die Buchpiraten mit ihren Nachdrucken nicht viel verdient haben. Hoffen wir es – doch der Verlust, den Lawrence durch sie erlitt, war beträchtlich, und das gibt McDonald auch zu.

Lady Chatterley's Lover wurde im Juli des Jahres 1928 veröffentlicht, aber die englischen Pressestimmen erreichten Lawrence erst im Oktober. Damals wohnten die Lawrences und ich auf der Insel Port Cros, einer der Îles d'Or vor der französischen Küste. So bin ich zufälligerweise einer der wenigen, die Lawrences Kampf gegen all den Schmutz, all die Unwissenheit, Dummheit und Gemeinheit mit erlebten. Damals hätte ich eigentlich schon an den Jargon mancher Intellektueller und Journalisten gewöhnt sein sollen, aber ich muß sagen, daß seine Schärfe mich in Erstaunen setzte. Auch war ich verblüfft, daß ein großer Schriftsteller wie D. H. Lawrence sich durch diese offensichtlichen Verleumdungen so erschüttern lassen konnte; sie verletzten ihn so sehr, daß er am nächsten Tag einen Blutsturz bekam.

Die zwei Monate, die Lawrence mit mir auf Port Cros verbrachte, machten mir in erschreckender Weise klar, wie krank er war. Ich schlief in einem benachbarten Zimmer, während Frieda ihr Schlafzimmer auf der anderen Seite des Hauses neben dem seinen hatte. Nacht für Nacht wurde ich von seinem Husten geweckt, einem fürchterlichen, hohlen Husten, der wie eine Totenglocke klang. Lawrence, der ein so tüchtiger Reiter und Fußgänger gewesen war, konnte sich kaum hundert Meter weit schleppen, und als wir abreisten, war es fast unmöglich, ihn in das Motorboot zu bekommen. Die Fahrt über die vom Mistral aufgewühlte See nach Hyères und Toulon war eine Strapaze für ihn.

Ende 1928 hatte er nur noch etwas über ein Jahr zu leben, und es bleibt nicht mehr viel zu berichten, außer daß 1929 die erfolgreiche Ausstellung seiner Bilder (zwölftausend Menschen besuchten sie) abermals Neid, Haß und Verfolgungen brachte. Die Polizei beschlagnahmte eine Reihe dieser Bilder und gab sie nur unter der Bedingung wieder heraus, daß sie für immer aus England verschwänden. Heute bereuen die Engländer diese Bedingung ganz sicher, denn eine Ausstellung der Bilder von D. H. Lawrence würde ohne Zweifel eine Menge Geld einbringen. Der australische Buchdrucker P. R. Stephensen hat Lawrences Bilder in einem schö-

«Den Apfel zurückwerfend». Gemälde von D. H. Lawrence

nen Sammelband farbig reproduziert. Erfreulicherweise bekam Lawrence dafür ein Honorar von 500 Pfund.

Bevor dieses Buch erschien, hatte Lawrence eine weitere kleine Reiberei mit dem Innenministerium, das zwei seiner Manuskripte beschlagnahmt hatte. Das eine war sein Essay über Malerei, das andere bestand aus einer großen Anzahl kurzer und nicht sehr poetischer Gedichte, die er *Pansies*, das heißt Gedanken (pensées), nannte. Die letzteren bekam Lawrence schließlich wieder, mit einem Vermerk für den Verleger, er dürfe elf dieser Gedichte nicht veröffentlichen. P. R. Stephensen sprang auch hier ein und besorgte eine Sonderausgabe der *Pansies*, für die er Lawrence wiederum 500 Pfund zahlen konnte.

Im Verlauf des Jahres 1929 wurde Lawrences Gesundheitszustand immer bedenklicher. Es wurde ihm nach und nach unmöglich, irgend etwas

zu schreiben, das ein stetiges, angestrengtes Arbeiten erforderte. Es war schon ein Beweis seiner großen Energie und seines zähen Lebenswillens, daß er trotzdem an seinen *Assorted Articles*, an seinen *Pansies* und den wunderbaren *Last Poems* weiterarbeitete. Im März 1929 fuhr er nach Paris, um den wilden Nachdruck von *Lady Chatterley's Lover* zu unterbinden. Dort wurde er so krank, daß sich das Gerücht verbreitete, er liege im Sterben. Er sehnte sich sehr danach, auf die Ranch zurückzukehren und verbrachte die Monate April und Mai auf Mallorca.

Unglücklicherweise verschlechterte sich sein Zustand dort wieder. Lawrence begann Mallorca zu hassen und fuhr nach Italien, wo er in Forte dei Marmi in der Nähe seiner Freunde Aldous und Maria Huxley wohnte. Dort wurde er wieder schwer krank. Man brachte ihn nach Florenz, wo er in Oriolis Wohnung lag. Orioli war so bestürzt, daß er an Frieda telegra-

D. H. Lawrence und Aldous Huxley in Bandol, 1929

fierte, die in Deutschland war. Doch auch diesesmal erholte er sich so weit, daß Frieda ihn nach Baden-Baden mitnehmen konnte, wo ihn ein Spezialist wegen seiner Schwerhörigkeit, ein anderer wegen seiner Tuberkulose behandelte. Hier in Baden-Baden oder etwas später, als sie sich in Rottach am Tegernsee aufhielten, erkannte Lawrence, daß er nicht mehr lange zu leben hatte. Er schrieb die Gedichte über den Tod, die in *The Ship of Death* ihren Höhepunkt finden. Eines der schönsten heißt:

Bavarian Gentians

Not every man has gentians in his house
in soft September, at slow sad Michaelmas.

Bavarian gentians, big and dark, only dark,
darkening the day-time torchlike with the smoking blueness of
Pluto's gloom,
ribbed and torch-like, with the blaze of darkness spread blue
down flattening into points, flattened under the sweep of white day,
torch-flower of the blue-smoking darkness, Pluto's dark-blue daze,
black lamps from the halls of Dis, burning dark blue
giving off darkness, blue darkness as Demeter's pale lamps give off light,
lead me then, lead me the way.

Reach me a gentian, give me the torch
let me guide myself with the blue, forked torch of this flower,
down the darker and darker stairs, where blue is darkened on blueness,
even where Persephone goes, just now, from the frosted September
to the sightless realm where darkness is awake upon the dark
and Persephone herself is but a voice
or a darkness invisible enfolded in the deeper dark
of the arms Plutonic, and pierced with the passion of dense gloom,
among the splendour of torches of darkness, shedding
darkness on the lost bride and her gloom.

Bayrische Enziane

Nicht jeder hat Enziane in seinem Haus,
im milden September, zur traurig verrinnenden Michaeliszeit.

Bayrische Enziane, dunkel und voll, unnennbar dunkel,
den Tag wie Fackeln verfinsternd mit qualmender Bläue,
Plutos dunkelnder Trübsinn;

Die Kapelle auf der Kiowa Ranch, die Frieda D. H. Lawrence zum Gedächtnis bauen ließ

geädert und Fackeln gleich, dunkle Glut verschüttend,
daß Bläue den Boden fleckt, niedergeweht vom Anhauch des weißen Tages;
Fackelblume aus blau rauchender Finsternis, Plutos
dunkel blauendes Blendwerk,
schwarze Lampen aus den Hallen der Götter, dunkel und blau brennend
Dunkelheit spendend, blaue Dunkelheit wie
Demeters fahle Lampen Helle verschwenden;
führt mich denn, weist mir den Weg.

Reich mir den Enzian, gib mir die Fackel,
laßt mich den Weg allein finden mit der blauen, vielzüngigen Fackel der Blume,

Lawrence liest aus «Lady Chatterley» vor. Von links nach rechts: der Verleger Orioli, Norman Douglas, Lawrence, Reggie Turner

die dunkel-dunkleren Treppen hinab, wo das Blau die Bläue verdunkelt,
dorthin, wo Persephone schreitet, vom bereiften September jetzt
ins lichtlose Reich, wo Dunkelheit über das Dunkel wacht,
und auch Persephone nur noch Stimme ist
oder Dunkelheit, die sich entfaltet im tieferen Dunkel
von Plutos Armen, von der Leidenschaft
dunklen Trübsinns durchdrungen,
umgeben vom Schein der Fackeln und Dunkelheit; Dunkelheit
ausgebreitet über die verlorene Braut und ihre Trübsal.

Hier sollte der Biograph enden können. Doch es bleibt noch zu berichten, daß Lawrence südwärts nach Bandol zog, als der Winter Bayern zu bedro-

hen begann. In Bandol verbrachte er ein paar düstere Monate. Freunde besuchten ihn; sie wußten, daß er bald sterben werde, und er wußte, daß sie es wußten. In seinen schlaflosen Nächten hatte er immer die Fensterladen offen, damit er die Sterne sehen konnte. Er ließ Frieda morgens erst in sein Zimmer, wenn der schlimmste Hustenanfall vorüber war. In ihrer Verzweiflung flehte sie ihn an, er solle leben, leben. «Das möchte ich, das möchte ich ja», antwortete er, «ich wollte, ich könnte es!» Und dann in einer Art Erstaunen über sich selbst rief er aus: «Warum mußten wir uns nur so viel streiten?» Großmütig versuchte sie, die Schuld mit ihm zu tragen: «So, wie wir waren, heftig und ungehemmt, konnten wir nicht anders.»

Ein Arzt aus England verordnete Lawrence einen Aufenthalt im Sanatorium von Vence. Daß Lawrence einwilligte, eine Heilstätte aufzusuchen, zeigt deutlich, wie sehr er jede Hoffnung aufgegeben hatte. Aber er fühlte sich dort so unglücklich, daß seine Frau ihn am 1. März 1930 aus dem Sanatorium holte und in eine möblierte Villa brachte. Am nächsten Abend war er tot. Frieda schreibt: «Dann begruben wir ihn, ganz schlicht, wie man einen Vogel begräbt, einige von uns, die ihn liebten.»

Man wird jedoch sein Grab in Vence vergeblich suchen. Seine Asche wurde später nach Amerika gebracht und unter der Gedächtniskapelle neben der Ranch eingemauert. Frieda starb fast 25 Jahre später, an ihrem 75 Geburtstag. Sie wurde neben ihm begraben.

D. H. Lawrence in Chapala, Mexiko. Von Bynner fotografiert

Zeittafel

1885	11. September. David Herbert Lawrence als Sohn des Bergarbeiters Arthur Lawrence in Eastwood (Nottingham) geboren
1891–1896	Besuch der Beauvale Board School
1896–1903	Besuch der Nottingham High School
1903	Aushilfslehrer an der British School in Eastwood
1903–1905	Lawrence besucht das Pupil Teacher Centre in Ilkeston. Freundschaft mit Jessie Chambers
1905–1906	Tätigkeit als Lehrer, um sich die Mittel zum Universitätsstudium zu verschaffen
1906	Beginn seines Studiums am Nottingham University College. Beziehungen zu sozialistischen Intellektuellen (Shaw, Sidney Webb und H. G. Wells). Zeichen- und Malversuche fallen in diese Zeit
1908	Abschluß des Studiums. Oktober. Lehrer an der Davidson-Road-School in London
1909	Begegnung mit Helen Corke
1910	Dezember. Tod der Mutter
1911	Januar. *The White Peacock* erscheint. November. An Tuberkulose erkrankt; Lawrence muß seine Stellung als Lehrer aufgeben
1912	Lernt Frieda Weekley geb. Freiin von Richthofen kennen. Mai. Lawrence reist mit Frieda nach Deutschland und Italien
1913	Im Sommer Rückkehr nach England. Veröffentlichung des Romans *Sons and Lovers*
1914	13. Juli. Eheschließung mit Frieda von Richthofen. Aufenthalt in London
1915	Während des Krieges Zeiten größter Verzweiflung und der Wunsch, *zum äußersten Thule* zu entkommen. November. Der Versuch, ein Ausreisevisum nach Mexiko zu erhalten, scheitert. Dezember. Lawrences beziehen ein Haus an der Küste in Cornwall
1916	Skandal um den 1915 erschienenen Roman *The Rainbow*. Verbot des Buches
1917	Oktober. Lawrence und seine Frau werden der Spionage verdächtigt, man verbietet ihnen den Aufenthalt an der Küste
1919–1922	Aufenthalte in Italien und Sizilien
1922	Abfahrt nach Australien

1923	*Kangaroo* erscheint. Fahrt nach Mexiko. Aufenthalt in Taos. Beziehungen zu Mabel Dodge Luhan
1923/24	Winter. Europaaufenthalt
1924	April. Rückkehr nach Taos in Mexiko. Sie leben dort auf einer kleinen Ranch, die ihnen Mabel Dodge zur Verfügung gestellt hat
1925	Erkrankung. September. Das Ehepaar verläßt Amerika und reist über England und Deutschland nach Italien. In der Nähe von Monte Carlo beziehen sie die Villa Bernarda
1926	Übersiedlung in die Nähe von Florenz. Reise nach England, letzter Besuch in Eastwood
1926–1928	Arbeit an *Lady Chatterley's Lover*, die er im Januar 1928 beendet. Das Buch erscheint in diesem Jahr, ebenfalls die Novelle *The Woman Who Rode Away*
1928	Aufenthalt in der Schweiz, gegen Ende des Jahres in Bandol, das den Lawrences von Katherine Mansfield empfohlen worden war
1929	Aufenthalte in Paris, Palma de Mallorca, Italien, Deutschland, Frankreich. Sein Zustand verschlimmert sich
1930	2. März. D. H. Lawrence stirbt in Vence (Frankreich)

Lawrence backt Brot im selbstgebauten Ofen auf der Kiowa Ranch

Zeugnisse

Aldous Huxley

Lawrence ist jeden Augenblick seines Lebens unentrinnbar Künstler gewesen. Ja, unentrinnbar ist das rechte Wort; denn es gab für ihn auch Augenblicke, in denen er seinem Geschick entrinnen wollte ... Meistens jedoch liebte Lawrence sein Geschick, liebte die Kunst, deren Meister er war. Wie dem auch sei, wollen oder müssen, das war letzten Endes irrelevant angesichts der Tatsache, daß Lawrence im wahren Sinne des Wortes von seiner schöpferischen Kraft besessen war. Er konnte nicht anders. Für ihn gab es keinen anderen Weg, als sich dieser fremden Macht in ihm, einer Macht, die seine Kunstwerke erschuf, zu unterwerfen. Lawrence unterwarf sich völlig und mit Ehrfurcht. «Es ist wirklich schwer mit seiner Einbildungskraft zu ringen – alles über Bord zu werfen! Mir ist, als ob ich nackt dastünde, um mich von dem göttlichen Feuer durchglühen zu lassen – und das ist ein furchtbares Gefühl. Man muß sehr religiös sein, um Künstler zu sein.» Umgekehrt hätte er hinzufügen können, man muß ein sehr starker, der Inspiration und der zwingenden Macht des Genies bewußter Künstler sein, um religiös zu sein! ...

Jenen, die Lawrence gekannt haben, ist die wichtigste Tatsache nicht, warum, sondern daß es so war, wie es war.

Das Zusammensein mit Lawrence war immer abenteuerlich – wie eine Entdeckungsreise in Neuland. Denn er selbst, Bürger einer anderen Weltordnung, bewohnte ein anderes Universum als die Allgemeinheit – eine freundlichere, intensivere Welt. Er betrachtete die Dinge mit den Augen eines Menschen, der am Rande des Grabes gestanden und dem sich aus dem Dunkel heraus die Welt in ihrer ganzen unfaßbaren Schönheit und mit all ihren Wundern enthüllte. Ihm erschien das Dasein wie ein einziger langer Gesundungsprozeß; als sei er an jedem Tag seines Lebens nach einer tödlichen Krankheit neu geboren.

D. H. Lawrence. Einleitung. 1932

André Maurois

Lawrences blendende Konversation, sein aufbrausender Zorn, sein wilder Kampf gegen die eigene Natur spiegeln sich noch in der Gewalt seiner Diktion wider. Selbst wenn unser Verstand ihm widerstrebt, werden wir als Leser von der Gewalt dieses Sturzbaches ebenso mitgerissen, wie es denen erging, die mit ihm lebten. Bedenkt man außerdem, daß die Probleme, mit denen er sich herumschlug, die gleichen waren, die seine Generation beunruhigten, so wird man es begreiflich finden, daß er einen so großen Einfluß ausübte.

Wenn je ein Schriftsteller den Menschen einen neuen Glauben zu verkünden wünschte, so war es Lawrence. Diesen Glauben zu definieren ist allerdings nicht leicht ... Wie soll die Welt beschaffen sein? Es scheint, nach Lawrence müsse sie vor allem eine Rückkehr zu einer viel älteren Welt sein. Die Gesellschaft, die ihm gefällt, die seinen Beifall findet, ist die der mexikanischen Stämme, der armseligen italienischen Dörfer ... Lebte er in Italien, so interessierte er sich für die Etrusker, in Mexiko für die Kultur der Azteken. In jedem Fall also für das Altertümliche und Urwüchsigste, das er finden konnte.

Denker und Träumer. 1937

Bertrand Russell

Rückblickend denke ich, daß [seine Ideen] überhaupt keinen Wert haben. Sie waren die Ideen eines sensitiven scheinbaren Despoten, der mit der Welt im Zorn lag, weil sie ihm nicht sofort untertan war. Wenn er sich vergegenwärtigte, daß auch andere Menschen existierten, so haßte er sie. Aber die meiste Zeit lebte er in der einsamen Welt seiner Vorstellungen, die bevölkert war von Phantomen, so wild wie er sie sich wünschte. Seine übertriebene Betonung alles Geschlechtlichen ist der Tatsache zuzuschreiben, daß er durch die Geschlechtsbeziehung allein gezwungen wurde, anzuerkennen, daß er nicht das einzige menschliche Wesen auf der Welt sei. Aber dieses Zugeständnis war so schmerzlich, daß er sich die Beziehung der Geschlechter als einen ständigen Kampf vorstellte, in dem jeder versuchte, den anderen zu zerstören.

D. H. Lawrence. 1941

Virginia Woolf

Die Welt der «Söhne und Liebhaber» ist in einem beständigen Prozeß von Anziehung und Abstoßung. Der Magnet, der versucht, die verschiedenen Teile, aus denen die schöne und wilde Welt von Nottingham besteht, zusammenzubringen, ist dieser weißglühende Körper, diese Schönheit, die im Fleische glüht, dieses starke und brennende Licht. Von nun an scheint alles, was gezeigt wird, seine eigene Bedeutung zu haben. Nichts kann als sicher betrachtet werden. Alles ist weggesogen von irgendeiner Unzufriedenheit, irgendeiner höheren Schönheit, entweder Wunsch oder Möglichkeit. Deswegen regt das Buch auf, irritiert, bewegt, wandelt, scheint es voll von Aufruhr und Unrast zu sein und von dem Wunsch nach irgend etwas Vorenthaltenem, wie der Körper des Helden. Die ganze Welt – das ist ein Beweis für die bemerkenswerte Stärke des Autors – ist zerbrochen

und geschüttelt von dem Magneten des jungen Menschen, der die getrennten Teile nicht zu der Einheit bringen kann, die ihn befriedigen würde.

Notes on D. H. Lawrence. 1948

Julien Green
D. H. Lawrences Büchlein «Pornography and Obscenity» ... Mit seiner üblichen Maßlosigkeit und unter Aufgebot einer Fülle von Adjektiven verrennt er sich in völlig abwegige Ungereimtheiten. Da er aber aus seiner Haut nicht heraus kann, sagt er blendende Dinge, die nachdenklich stimmen, selbst wo sie anfechtbar scheinen ... Er eifert gegen die Puritaner, die den Sex-Appeal gewisser Bücher verdammen. Die Hälfte des von der Menschheit geschaffenen Schönen sei schön nur dank dem Sex-Appeal ... Den Puritanismus nennt er die graue Krankheit. «Ohne Heimlichtuerei gibt es keine Pornographie.» Und er setzt etwas für ihn sehr Bezeichnendes hinzu, weil er nämlich auf der Flucht vor dem Puritanismus selber hineingerät und zuletzt wie ein Puritaner spricht: «Unsere Volksliteratur wie unsere Volksvergnügungen stiften im großen und ganzen bloß zu schlechten Gewohnheiten an.» Diese Gewohnheiten geißelt er, weil sie Scham, Zorn und das Gefühl der Erniedrigung auslösen ... Neben tiefen Wahrheiten stehen ungeheure Naivitäten.

Tagebuch, 3. April 1950

Stephen Spender
Proust und Joyce, Eliot und Virginia Woolf machten ihren Helden oder ihre Heldin zu passiven Betrachtern einer in Trümmer fallenden Kultur. Gegen diese passive Einfühlung empörte sich D. H. Lawrence. Trotz aller künstlerischen Mängel schrieb Lawrence Romane und Gedichte, die sich aus seinem Innern nach außen kehrten, den Menschen der Natur zu. Ihm war das Einzelgängertum der modernen Schriftsteller, dieser Rückzug auf fein-entwickelte Empfänglichkeit ein Greuel. Die Grenzen zwischen Innen und Außen galten ihm als heilig; das innere Leben soll sich dem äußeren nähern, aber die äußere Welt darf dem Schriftsteller nicht zur inneren werden. Das Wahrnehmen ist eine Sache für sich, das Wahrgenommene ebenso; der Mensch ist eins, die Natur ein anderes; der Mensch ist auch von den anderen Menschen getrennt. Die Vereinigung ist ein dunkles Mysterium, ein göttlicher Akt, und selbst in der leiblichen Vermischung bleiben Mann und Frau ein eigenes Ich. Dieses Paradox der Verschmelzung von Existenzen, die nicht ineinander aufgehen können, ist für ihn das schöpferische Geheimnis. In der Berührung des einzelnen mit dem Außen, mit der Natur, mit den anderen, liegt seine Erneuerung.

Welt zwischen Welten. 1951

Das Innere der «D. H. Lawrence Memorial Chapel».
In dem Altar aus Zement ruht Lawrences Asche.

Simone de Beauvoir
Bei Lawrence geht es nicht darum, die speziellen Beziehungen zwischen Mann und Frau zu definieren, sondern sie alle beide in die Wahrheit des Lebens einzuordnen. Diese Wahrheit ist weder Wille noch Vorstellung: sie schließt auch die tierische Natur in sich ein, in der das menschliche Wesen seine Wurzeln hat. Lawrence lehnt leidenschaftlich die Antithese Geschlecht – Gehirn ab. In ihm wohnt ein kosmischer Optimismus, der dem Pessimismus Schopenhauers radikal entgegengesetzt ist; der Wille zum Leben, der sich im Geschlecht ausdrückt, ist Freude, und in ihm müssen Denken und Handeln ihren Ausgangspunkt haben, wenn sie nicht leerer Begriff, unfruchtbarer Mechanismus bleiben sollen ...

Das andere Geschlecht. 1952

Herbert Read
Seine Gedanken lassen sich in keines der bestehenden sozialen Gefüge eingliedern. Aber deshalb gelten sie doch: die Notwendigkeit einer Änderung der gegenwärtigen sozialen Struktur wird dadurch nur noch dringlicher. Lawrence war intelligent genug, um zu erkennen, daß die uns nötige Gesellschaftsstruktur nicht von einer sogenannten «Demokratie» geliefert werden könne, und seine Verachtung der politischen Ideologie trug ihm den Schimpfnamen «Faschist» ein. Lawrence war kein Faschist. Er war, wenn man seinen überaus individuellen Ansichten überhaupt eine allgemeine Bezeichnung geben muß, eine besondere Art Anarchist, nicht von der Art, wie ich es bin, sondern irgendwo zwischen Tolstoj und Berdjajev.

Der eigentliche Lawrence. 1953

Ton-Büste von Jo Davidson, im Februar 1930 in Vence entstanden

Bibliographie

1. Bibliographien und Hilfsmittel

McDonald, E. D.: A bibliography of the writings of D. H. Lawrence. With a foreword by D. H. Lawrence. Philadelphia 1925 – Repr. 1974

McDonald, E. D.: The writings of D. H. Lawrence 1925–1930. A bibliographical supplement. Philadelphia 1931

White, William: D. H. Lawrence. A checklist 1931–1948. Weyne 1950

Fabes, Gilbert Henry: David Herbert Lawrence. His first editions. Points and values. London 1933 – Repr. Norwood, Ba. 1977

Powell, Lawrence Clark: The manuscripts of D. H. Lawrence. A descriptive catalogue. Foreword by Aldous Huxley. Los Angeles 1937

Tedlock, E. W.: The Frieda Lawrence Collection of Manuscripts. A descriptive bibliography. New Mexico 1948

Mori, Haruhide: Articles on D. H. Lawrence: a bibliography, 1916–1965. o. O. 1968 (Aus: Kobe miscellany 5, spring 1968)

D. H. Lawrence review. Ed. by James C. Cowan. Fayetteville, Ark. 1969f

A concordance to the short fiction of D. H. Lawrence. Ed. by Reloy Garcia and James Karabatsos. Lincoln 1972

Holderness, Graham: Who's who in D. H. Lawrence. London 1976

Stoll, John E.: D. H. Lawrence: a bibliography, 1911–1975. Troy, N. Y. 1977

Phillips Jill M.: D. H. Lawrence: a review of the biographies and literary criticism: a critical annotated bibliography. New York 1978

Sagar, Keith M.: D. H. Lawrence, a calendar of his works; with a checklist of the manuscripts of D. H. Lawrence by Lindeth Vasey. Austin 1979

2. Werke in Originalausgaben und Übersetzungen

a) Romane und Erzählungen

The White Peacock. London 1911 – Dt. Der weiße Pfau. Übers. von Herberth E. Herlitschka. Wien 1936

The Trespasser. London 1912 – Dt. Todgeweihtes Herz. Übers. von Herberth E. Herlitschka. Wien – Leipzig 1937 – Später u. d. T. Auf verbotenen Wegen. Übers. von Georg Goyert. München 1957 – Reinbek 1961 (rororo 424)

Sons and Lovers. London 1913 – Dt. Söhne und Liebhaber. Leipzig 1925; neu übertr. von Georg Goyert. Leipzig 1937; Neuausg. München 1956; Reinbek 1960 (rororo 381/382)

The Prussian Officer and other Stories. London 1914
The Rainbow. London 1915 – Dt. Der Regenbogen. Übers. von F. Franzius. Leipzig 1922 – Dt. Der Regenbogen. Übers. von Gisela Günther. Reinbek 1964 (rororo 610/611)
The Lost Girl. London 1920 – Dt. Das verlorene Mädchen. Übers. von Christine Maurer. Wien – Leipzig 1939. Neuausg. Bern 1953 – Reinbek 1962 (rororo 479/480)
Women in Love. New York 1920 – Dt. Liebende Frauen. Übers. von Th. Mutzenbecher. Leipzig 1927. Reinbek 1967. (rororo 929/930/931) – Liebende Frauen. Übers. von Herberth E. Herutschka. Leipzig 1932
Aaron's Rod. New York 1922
England, My England and other Stories. New York 1922 – Dt. England, mein England. Übers. von Marta Hackel. In: Der Connaisseur. Bd. 5. Hg. von Mary Hottinger. Zürich 1966
Kangaroo. London 1923
The Ladybird, The Fox, The Captain's Doll. London 1923 – Teilübers. Der Fuchs. Übertr. von Else Jaffe-Richthofen. Leipzig 1926 (Insel-Bücherei 384)
The Boy in the Bush (with M. L. Skinner). London 1924 – Dt. Jack im Buschland. Übers. von Else Jaffe-Richthofen. Stuttgart 1925
St. Mawr, together with the Princess. London 1925 – Dt. Der Hengst St. Mawr. Übers. von Herberth E. Herlitschka. Leipzig 1931 – neu übers. von Gerda v. Uslar. Reinbek 1960 (rororo 386)
The Plumed Serpent. London 1926 – Dt. Die gefiederte Schlange. Übers. von Georg Goyert. Leipzig 1932
Sun (Erste Fassung). London 1926
Sun. Authorized unexpurgated ed. Paris 1928
Glad Ghosts. London 1926 – Dt. Frohe Geister. Eine englische Familie. Erzählungen. Übers. von Georg Goyert. Leipzig 1932 (Insel-Bücherei 428)
The Escaped Cock. Paris 1928
The Man Who Died. (Die gleiche Erzählung mit geringfügigen Änderungen unter neuem Titel. London 1931) Dt. Auferstehungsgeschichte. Übers. von Helmut Viebrock. Frankfurt a. M. 1978 (Bibliothek Suhrkamp 589)
Lady Chatterley's Lover. Firenze 1928 ed. Including «My Skirmish with Jolly Roger». Paris 1929 – Dt. Lady Chatterley und ihre Liebhaber. Übers. von Herberth E. Herlitschka. Wien 1930
Lady Chatterley's Lover. First authorized expurgated edition. London 1932
Lady Chatterley's Lover. The Odyssey Edition. With a prefatory note by Frieda Lawrence. Hamburg – Paris – Bologna 1933
The First Lady Chatterley. New York 1944 – Dt. Die erste Lady Chatterley. Übers. von Ursula von Wiese. Bern 1946
Lady Chatterley's Lover. First authorized unexpurgated American edition. New York 1959
Lady Chatterley's Lover. First authorized unexpurgated English edition. Harmondsworth 1960 – Dt. Lady Chatterley. Übers. von Maria Carlsson. Reinbek 1960 – Neuausg. Reinbek 1973 (rororo 1638)
John Thomas and Lady Jane. The second version of «Lady Chatterley's Lover». London 1972 (Erstausg. u. d. T. «Le tre Lady Chatterley». Mailand 1954) – Dt. John Thomas & Lady Jane. Übers. von Susanne Rademacher. Zürich 1975

Rawdon's Roof. London 1928

The Woman Who Rode Away and Other Stories. London 1928 – Dt. Die Frau, die davonritt. Novellen. Übers. von Else Jaffe-Richthofen. Leipzig 1928 – Spätere Ausg. übers. von Herberth E. Herlitschka. Leipzig 1931 (Insel Bücherei 419)

The Virgin and the Gipsy. Florenz 1930 – Dt. Der Zigeuner und die Jungfrau. Novellen. Übers. von Karl Lerbs. Leipzig 1933

Love Among the Haystacks and other Pieces. London 1930

The Lovely Lady and Other Stories. London 1933

A Modern Lover. London 1934

The Tales. First coll. ed. London 1934

Meisternovellen. Ausgew. von Elisabeth Schnack. Übers. von Elisabeth Schnack, Else Jaffe-Richthofen, Karl Lerbs u. Ursula Müller. Zürich 1953

The Complete Short Stories. 3 vol. London 1955

The Complete Short Novels. 2 vol. London 1956

Gesammelte Erzählungen. Übers. von Martin Beheim-Schwarzbach. Reinbek 1958

Sämtliche Erzählungen und Kurzromane in acht Einzelbänden. Übers. von Martin Beheim-Schwarzbach, Georg Goyert, Marta Hackel, Karl Lerbs, Elisabeth Schnack u. Gerda v. Uslar. Bd. 1–8. Zürich 1975 (Detebe 90/1–8)

b) Gedichte

Love Poems and Others. London 1913

Amores. London 1916

Look! We have come through! London 1917

New Poems. London 1918

Bay. A Book of Poems. London 1919

Tortoises. New York 1921

Birds, Beasts and Flowers. New York 1923

The Collected Poems. 2 vol. London 1928

Pansies. London 1929

Nettles. London 1930

The Triumph of the Machine. London 1930

Last Poems. Florenz 1932

The Complete Poems. Vol. 1–3. London 1957 – Neuausg. 2 vol. 1964

c) Dramen

The Widowing of Mrs. Holroyd. New York 1914 – Dt. Wie Mrs. Holroyd Witwe wird. Übers. von Andrea Clemen. Berlin 1976

Touch and Go. London 1920

David. London 1926

A Collier's Friday Night. London 1934

The Complete Plays. London 1965

d) Reisebeschreibungen

Twilight in Italy. London 1916

Sea and Sardinia. New York 1921

Mornings in Mexico. London 1927 – Dt. Mexikanische Tage. Übers. von Alfred Kuoni. Zürich (Arche) 1958

Etruscan Places. London 1932 – Dt. Landschaft und Geheimnis der Etrusker. Übers. von Oswalt von Nostitz. Zürich 1955

Twilight in Italy, Sea and Sardinia, Mornings in Mexico and Etruscan Places. Vol. 1–3. London 1960 – Dt. Mexikanischer Morgen, Das Meer und Sardinien, Etruskische Stätten, Italienische Dämmerung. Übers. von Alfred Kuoni, Georg Goyert und Oswalt von Nostitz. Reinbek 1963

e) Essays, Schriften aus dem Nachlaß

Movements in European History. (Unter dem Pseudonym Lawrence H. Davidson.) London 1921

Psychoanalysis and the Unconscious. New York 1921

Fantasia of the Unconscious. New York 1927 – Dt. Spiel des Unbewußten. Übers. von Walter Osborne. München 1929

Studies in Classic American Literature. New York 1923

Reflections on the Death of a Porcupine and Other Essays. Philadelphia 1925

Sex locked out. London 1928

My Skirmish with Jolly Roger. New York 1929

Pornography and Obscenity. London 1929 – Dt. Pornographie und Obszönität und andere Essays über Liebe, Sex und Emanzipation. Übers. von Elisabeth Schnack. Zürich 1971 (Detebe 11)

The Life of J. Middleton Murry. o. O. 1930

A Propos of Lady Chatterley's Lover. London 1930 – Dt. A propos «Lady Chatterley». Übers. von Herberth E. Herlitschka. Wien 1931

Assorted Articles. London 1930

Apocalypse. Florenz 1931 – Dt. Apokalypse. Übers. von Georg Goyert. Leipzig 1932

We need one another. New York 1933

Phönix: The Posthumous Papers Of D. H. L. Edited and with an Introduction by Edward D. McDonald. London 1936

Sex, Literature and Censorship. Ed. by H. T. Moore. New York 1953

Selected Literary Criticism. Ed. by Anthony Beal. London 1955

Phönix II: Uncollected, unpublished and other prose works by D. H. L. Collected and ed. by Warren Roberts and Harry T. Moore. London 1968

f) Gemälde und Zeichnungen

The paintings of D. H. Lawrence. London 1929 – Spätere Ausg. ed. by Mervyn Levy. New York 1964

3. Lebenszeugnisse

The Letters of D. H. Lawrence. Ed. with an introduction by Aldous Huxley. London 1932 – vol. 1–3. London 1938

Briefe an Frauen und Freunde. Auswahl und Vorwort von W. E. Süskind. Berlin 1938

D. H. Lawrence's Letters to Bertrand Russell. Ed. by H. T. Moore. New York 1948
Moore, Harry Thornton: Poste restante. A Lawrence travel calendar. Introduction by Marc Schorer. Berkeley 1956
Douglas, Norman: D. H. Lawrence and Maurice Magnus. A plea for Better Manners. Florenz 1924
Lawrence, Ada, und G. Stuart Gelder: Young Lorenzo. The early life of D. H. Lawrence. Containing hitherto unpublished letters, articles and pictures. Florenz 1931
Luhan, Mabel Dodge: Lorenzo in Taos. New York 1932 – London 1933
Murry, John Middleton: The Reminiscences of David Herbert Lawrence. London 1933
Brett, Dorothy: Lawrence and Brett. A friendship. Philadelphia 1933
Hesse, Hermann: Erinnerungen an D. H. Lawrence. In: Der Bücherwurm 18 (1933), S. 50
Brewster, Earl, und Achsah Brewster: D. H. Lawrence. Reminiscenses and correspondence. London 1934
E. T.: D. H. Lawrence. A personal record. London 1935
Lawrence, Frieda: Not I but the wind. London 1935 – Dt. Nur der Wind ... Berlin 1936
Merrill, Knud: A poet and two painters. A memoir of D. H. Lawrence. London – New York 1938
Letters to Bertrand Russell. Ed. by Harry T. Moore. New York 1948
Bynner, Witter: Journey with genius. Recollections and reflections concerning the Lawrences. New York 1951 – London 1953
Corke, Helen: D. H. Lawrence's «Princess». A memory of Jessie Chambers. London 1951 – Neuausg. Austin 1965
Letters to Rachel Annand Taylor. Pasadena 1956
The collected letters. Ed. by Harry T. Moore. 2 vol. New York 1962
Merrill, Knud: With D. H. Lawrence in New Mexico; a memoir of D. H. Lawrence. New York 1965
Lawrence in love: letters to Louie Burrows. Ed. by James T. Boulton. Nottingham 1968
The quest for Rananim. D. H. Lawrence's letters to S. S. Koteliansky. 1914 to 1930. Ed. by George J. Zytaruk. Montreal 1970
Letters to Martin Secker, 1911–1950. London 1970
Lucas, Robert: Frieda von Richthofen. Ihr Leben mit D. H. Lawrence. München 1972
Letters to Thomas and Adele Seltzer. Ed. by Gerald M. Lacy. Santa Barbara 1976
Briefe. Aus dem Engl. von Elisabeth Schnack. Zürich 1979
The letters of D. H. Lawrence. Ed. by James T. Boulton. Vol. 1. Cambridge 1979

4. Gesamtdarstellungen und Würdigungen

Seligmann, H. J.: D. H. Lawrence. An american interpretation. New York 1924
Aldington, Richard: D. H. Lawrence. An indiscretion. Seattle 1927 – Repr. Norwood 1978
Aldington, Richard: D. H. Lawrence. London 1930

POTTER, STEPHEN: D. H. Lawrence. A first study. London 1930
HUGHES, GLENN: D. H. Lawrence the passionate psychologist. In: HUGHES, Imagism and the imagists. Standford 1931. S. 167–196
MURRY, JOHN MIDDLETON: Son of woman. The life of D. H. Lawrence. London 1931 – new ed. with a new introduction. London 1954
CARSWELL. CATHERINE: The savage pilgrimage. A narrative of D. H. Lawrence. London 1932 – Repr. St. Clair Shores 1972
NIN, ANAÏS: D. H. Lawrence. An unprofessional study. Paris 1932
GREGORY, HORACE: Pilgrim of the apocalypse. A critical study of D. H. Lawrence. New York 1933 – London 1934
HUXLEY, ALDOUS: Wer war D. H. Lawrence? In: Die Neue Rundschau 44 (1933), S. 518–526
POWELL, DILYS: D. H. Lawrence. In: POWELL, Descent from Parnassus. New York 1934. S. 1–55
SCHICKELE, RENÉ: Liebe und Ärgernis des D. H. Lawrence. Amsterdam 1934
FABRE-LUCE, ALFRED: La vie de D. H. Lawrence. Paris 1935
SPENDER, STEPHEN: Notes on D. H. Lawrence. In: SPENDER, The destructive element. London 1935. S. 176–188
MAUROIS, ANDRÉ: D. H. Lawrence. In: MAUROIS, Magiciens et logiciens. Paris 1936. S. 279–320 – Dt. in: MAUROIS, Denker und Träumer. Zürich 1938. S. 207–243
REUL, PAUL DE: L'Œuvre de D. H. Lawrence. Paris 1937
FRIEDRICH, H. E.: D. H. Lawrence. In: Eckart 14 (1938), S. 384–395
HUEFFER, FORD MADOX: D. H. Lawrence. In: HUEFFER, Mightier than the sword. London 1938. S. 98–122
KINGSMILL, HUGH: D. H. Lawrence. New York – London 1938
PEYRE, HENRY: D. H. Lawrence, le message d'un prophète. In: PEYRE, Hommes et œuvres. Paris 1938. S. 275–298
VALLESE, TARQUINIO: D. H. Lawrence. Neapel 1940
MAGBNY, CLAUDE E.: D. H. Lawrence ou le mal du XXe siècle. In: Esprit 11 (1941), S. 556–569
SAVAGE, DERCK S.: D. H. Lawrence a study in dissolution. In: SAVAGE, The personal principle. London 1944. S. 131–154
NARDI, PIERO: La vita di D. H. Lawrence. Mailand 1947
ALDINGTON, RICHARD: Portrait of a genius, But ... The life of D. H. Lawrence. London 1950
WEST, ANTHONY: D. H. Lawrence. London 1950
KENMARE, DALLAS: Fire-bird. A study of D. H. Lawrence. London 1951 – Repr. Folcroft, Pa. 1977
MOORE, HARRY THORNTON: The life and works of D. H. Lawrence. London 1951
YOUNG, KENNETH: D. H. Lawrence. London 1952
READ, HERBERT: Der eigentliche D. H. Lawrence. In: Neue Schweizer Rundschau 21 (1953), S. 214–221
MOORE, HARRY THORNTON: The intelligent heart. The story of D. H. Lawrence. New York 1954 – London 1955
FAY, E.: Lorenzo in search of the sun. London 1955
FREEMAN, MARY: D. H. Lawrence. A basic study of his ideas. Gainesville 1955
LEAVIS, FRANK RAYMOND: D. H. Lawrence. Novelist. London 1955 – Neuausg. Harmondsworth 1973

HOUGH, GRAHAM: The dark sun. A study of D. H. Lawrence. London 1956 – Repr. Norwood, Pa. 1977
SHIGA, MASARU: D. H. Lawrence. Osaka 1956
BLÖCKER, GÜNTER: D. H. Lawrence. In: BLÖCKER, Die neuen Wirklichkeiten. Berlin 1957. S. 187–197
NEHLS, EDWARD: D. H. Lawrence. A compositive biography. Vol. 1–3. Madison 1957–1959
VIVAS, ELISEO: D. H. Lawrence. The failure and the triumph of art. London 1961
TEDLOCK, ERNEST WARNOCK: D. H. Lawrence, artist and rebel. Albuquerque 1963
DRAPER, RONALD P.: D. H. Lawrence. New York 1964
GILLÈS, DANIEL: D. H. Lawrence, ou le puritain scandaleux. Paris 1964
DALESKI, HERMAN M.: The forked flame; a study of D. H. Lawrence. Evanston, Ill. 1965
MOORE, HARRY THORNTON: D. H. Lawrence and his world. London 1966
DELAVENAY, ÉMILE: D. H. Lawrence, l'homme et la genèse de son œuvre, les années de formation, 1885–1919. 2 vol. Paris 1969
PRITCHARD, RONALD EDWARD: D. H. Lawrence: body of darkness. Pittsburgh 1971
ARNOLD, ARMIN: D. H. Lawrence. Berlin 1972 (Köpfe des XX. Jahrhunderts 67)
BEAL, ANTHONY: D. H. Lawrence. New York 1972
D. H. Lawrence. Novelist, poet, prophet. Ed. by STEPHAN SPENDER. London 1973
KERMODE, JOHN FRANK: D. H. Lawrence. New York 1973 (Modern masters. M 20)
TREASE, GEOFFREY: D. H. Lawrence – the phoenix in the flame. London 1973
MOORE, HARRY THORNTON: The priest of love: A life of D. H. Lawrence. Rev. ed. London 1974 – 1. Ausg. u. d. T.: The intelligent heart. New York 1962
CALLOW, PHILIP: Son and lover: the young Lawrence. London 1975
FISHAWY, WAGDY: D. H. Lawrence: a critical study. Kairo 1975
MICHAELS-TONKS, JENNIFER: D. H. Lawrence: the polarity of north and south. Bonn 1976
BECK, RUDOLF: D. H. Lawrence. Heidelberg 1978
PINION, F. B.: A D. H. Lawrence companion: life, thought, and works. London 1978
DELANY, PAUL: D. H. Lawrence's nightmare: the writer and his circle in the years of the great war. Hassocks 1979

5. Untersuchungen

a) Allgemein

WESSLAU, W.: Der Pessimismus bei D. H. Lawrence. Greifswald 1931
ABRAHAM, ADOLFINE: Die Kunstform von D. H. Lawrences Versdichtungen. Diss. Wien 1932
CARTER, FREDERICK: D. H. Lawrence and the body mystical. London 1932 – Repr. Philadelphia 1977
COLLIN, SAUL C.: Naturalisme et mysticisme chez D. H. Lawrence. Thèse. Lyon 1932
GOODMAN, R.: A footnote to David Herbert Lawrence. London 1932 – Repr. Folcroft 1977
CORKE, HELEN: D. H. Lawrence and apocalypse. London 1933 – Neuausg. New York 1966

REUTER, IRMGARD: Studien über die Persönlichkeit und die Kunstform von D. H. Lawrence. Diss. Marburg 1934

SEILLIERE, ERNST: D. H. Lawrence et les récents idéologies allemandes. Paris 1936

COUAILLAC, M.: D. H. Lawrence. Essai sur la formation et le développement de sa pensée d'après son œuvre en prose. Toulouse 1937

CAUDWELL, CHRISTOPHER: D. H. Lawrence. A study of the bourgeois artist. In: CAUDWELL, Studies in a dying culture. Toronto 1938. S. 44–72

WEIDNER, INGEBORG: Botschaftsverkündigung und Selbstausdruck im Prosawerk von D. H. Lawrence. Diss. Berlin 1938

BEUTMANN, MARGARETE: Die Bildungswelt D. H. Lawrences. Diss. Freiburg 1940

VIVAS, ELISEO: Lawrence's problems. In: Kenyon Review 3 (1941), S. 83–94

HOFFMANN, FREDERICK J.: D. H. Lawrence's quarrel with Freud. In: HOFFMANN, Freudianism and the literary world. Baton Rouge 1945. S. 151–176

REQUARDT, EGON: Das Wesen und die Problematik der zwischenmenschlichen Beziehungen bei D. H. Lawrence. Diss. Münster 1950

BEAUVOIR, SIMONE DE: D. H. Lawrence. Das kosmische Privileg des Mannes. In: Merkur 5 (1951), S. 851–859

GREENE, THOMAS: Lawrence and the Quixotic hero. In: Sewanee Review 59 (1951), S. 559–573

TIVERTON, W.: D. H. Lawrence and human existence. London 1951

BLACKMUR, RICHARD P.: D. H. Lawrence and expressive form. In: BLACKMUR, Language as gesture. New York 1952. S. 286–300

ELLMANN, RICHARD: D. H. Lawrence and his demon. In: New Mexico Quarterly 22 (1952), S. 385–393

DATALLER, ROGER: Elements of D. H. Lawrence's prose style. In: Essays in criticism 3 (1953), S. 413–424

The achievement of D. H. Lawrence. Ed. by FREDRICK J. HOFFMANN and HARRY T. MOORE. Norman 1953

SCHMIDT, WOLFGANG: Die Frau in den Romanen von D. H. Lawrence. Diss. Berlin 1953

SCHOBERTH, F. W.: D. H. Lawrence in der zeitgenössischen Kritik. In: Die neueren Sprachen 4/5 (1953), S. 155–162

LEAVIS, F. R.: Lawrence and class. In: Sewanee Review 62 (1954), S. 535–562

MOORE, HARRY THOMAS: D. H. Lawrence and the «censor morous». In: MOORE, Sex, literature and censorhip. Melbourne 1955. S. 1–38

SPILKA, MARK: The love ethic of D. H. Lawrence. Bloomington 1955

GALINSKY, HANS: Deutschland in der Sicht von D. H. Lawrence und T. S. Eliot. Eine Studie zum anglo-amerikanischen Deutschlandbild des 20. Jahrhunderts. Mainz 1956

HESS, ELISABETH: Die Naturbetrachtung im Prosawerk von D. H. Lawrence. Diss. Bern 1957

D. H. Lawrence: a collection of critical essays. Ed. MARK SPILKA. Englewood Cliffs, N. J. 1963

GOODHEART, EUGENE: The utopian vision of D. H. Lawrence. Chicago 1963

JARRETT-KERR, MARTIN: Lust und Ewigkeit. Religiöse Perspektiven im Werk D. H. Lawrence. Hamburg 1963 (Stundenbuch 20)

PANICHAS, GEORGE A.: Adventure in consciousness. The meaning of D. H. Lawrence's religious quest. The Hague 1964 (Studies in English literature 3)

SINZELLE, CLAUDE M.: The geographical background of the early works of D. H. Lawrence. Paris 1964 (Études anglaises. Cahiers et documents 1)
GORDON, DAVID J.: D. H. Lawrence as a literary critic. New Haven 1966 (Yale studies in English 161 (162))
SAGAR, KEITH: The art of D. H. Lawrence. Cambridge 1966
POOLE, ROGER HENRY: Lawrence and education. Nottingham 1968 (University of Nottingham. Inst. of ducation. Educational papers 8)
COWAN, JAMES C.: D. H. Lawrence's American journey; a study in literature and myth. Cleveland 1970
D. H. Lawrence. The critical heritage. Ed. by RONALD P. DRAPER. London 1970
HOJMAN, BARUJ: Another ego; the changing view of self and society in the work of D. H. Lawrence. Columbia 1970
NÉGRIOLLI, CLAUDE: La symbolique de D. H. Lawrence. Paris 1970
ALLDRITT, KEITH: The visual imagination of D. H. Lawrence. London 1971
Critics on D. H. Lawrence. Ed. by W. T. ANDREWS. London 1971 (Readings in literary criticism 9)
INNIS, KENNETH: D. H. Lawrence's bestiary. A study of his use of animal trope and symbol. The Hague 1971 (De proprietatibus litterarum. Ser. practica. 30)
RADMEHR, MANOUCHEHR: Formen und Funktionen der Raumdarstellung in den short stories von D. H. Lawrence. Diss. Göttingen 1971
ZYTARUK, GEORGE JOHN: D. H. Lawrence's responce to Russian literature. The Hague 1971 (Studies in English literature 69)
D. H. Lawrence; a collection of criticism. Comp. by LEO HAMALIAN. New York 1973
D. H. Lawrence: a critical anthology. Ed. by H. COOMBES. Harmondsworth 1973
EISENSTEIN, SAMUEL A.: Boarding the ship of death: D. H. Lawrence's quester heroes. The Hague 1974
D. H. Lawrence: a critical study of the major novels and other writings. Ed. by A. H. GOMME. Hassocks 1978
KIRKHAM, MICHAEL: D. H. Lawrence and social consciousness. In: Mosaic 12/1978, H. 1, S. 79–92
Lawrence and women. Ed. by ANNE SMITH. London 1978
MICHAELIS, JENNIFER E.: The horse as a lifesymbol in the prose works of D. H. Lawrence. In: The international fiction review 5/1978, H. 2, S. 116–123
WETTERN, REGINA: D. H. Lawrence: zur Funktion und Funktionsweise von literarischen Irrationalismus. Heidelberg 1979 (Anglistische Forschungen 138)

b) Zu einzelnen Werken

TINDALL, W. Y.: D. H. Lawrence and Susan His Cow. New York 1939
GLICKSBERG, CHARLES I.: The poetry of D. H. Lawrence. In: New Mexico Quarterly Review 18 (1948), S. 289–303
MOYNAHAN, JULIAN: The dead of life. The novels and tales of D. H. Lawrence. Princeton, N. J. 1963
CLARK, L. D.: Dark night of the body; D. H. Lawrence's «The plumed serpent». Austin 1964
D. H. Lawrence and «Sons and Lovers»; sources and criticism. Ed. by ERNEST WARNOCK TEDLOCK. New York 1965

GILBERT, SANDRA M.: D. H. Lawrence's ‹Sons and Lovers›, ‹The Rainbow›, ‹Women in Love›, ‹The Plumed Serpent›. New York 1965

LANGMAN, F. H.: Women in love. In: Essays in criticism 17/1967, H. 2, S. 183–206

HSIA, ADRIAN: D. H. Lawrence. Die Charaktere in der Handlung und Spannung seiner Kurzgeschichten. Bonn 1968 (Abhandlungen zur Kunst-, Musik- und Literaturwissenschaft 56)

YOUNG, ARCHIBALD M.: Rhythm and meaning in poetry: D. H. Lawrence's ‹Snake›. In: English literature, criticism, teaching 17/1968, H. 98, S. 41–47

D. H. Lawrence: The ‹rainbow› and ‹women in love›: a casebook. Comp. COLIN CLARKE. London 1969

Twentieth century interpretations of «Women in Love»; a collection of critical essays. Comp. by STEPHAN J. MIKO. Englewood Cliffs, N. J. 1969

LAINOFF, SEYMOUR: The wartime setting of Lawrence's ‹Tickets›. Please. In: Studies in short fiction 7/1970, H. 4, S. 649–651

BRAYFIELD, PEG: Lawrence's ‹Male and female principles› and the symbolism of the ‹Fox›. In: Mosaic 4/1971, H. 3, S. 41–51

MIKO, STEPHAN J.: Toward ‹Women in Love›. The emergence of a Lawrentian aesthetic. New Naven 1971 (Yale studies in English 177)

SMITH, FRANK GLOVER: D. H. Lawrence: «The Rainbow». London 1971

STOLL, JOHN E.: The novels of D. H. Lawrence; a search for integration. Columbia 1971

Twentieth century interpretations of «The Rainbow»: a collection of critical essays. Comp. by MARK KINKEAD-WEEKES. Englewood Cliffs, N. J. 1971

GILBERT, SANDRA M.: Acts of attention. The poems of D. H. Lawrence. Ithaca 1972

WASSERMAN, JERRY: «St. Mawr» and the search for community. In: Mosaic 5/1972, H. 2, S. 113–123

BROICH, ULRICH: Lawrence: ‹Odour of Chrysanthemums›. In: Die englische Kurzgeschichte. Düsseldorf 1973. S. 162–171

OATES, JOYCE CAROL: The hostile sun: the poetry of D. H. Lawrence. Los Angeles 1973

PHILIPS, STEVEN R.: The double pattern of D. H. Lawrence's «The Horse Dealer's Daughter». In: Studies in short fiction 10/1973, H. 1, S. 94–97

REINHOLD, HEINZ: Lawrence: «Fanny and Annie». In: Die englische Kurzgeschichte. Düsseldorf 1973. S. 172–181

BALBERT, PETER: D. H. Lawrence and the psychology of rythm: The meaning of form in «The Rainbow». The Hague 1974

RADDATZ, VOLKER: Lyrical elements in D. H. Lawrence's «The Rainbow». In: Revue des langues vivantes 40/1974, H. 3, S. 235–242

TAYLOR, JOHN A.: The greatness in «Sons and Lovers». In: Modern philology 71/1974, H. 4, S. 380–387

COWAN, JAMES C.: D. H. Lawrence's dualism: The Apollonian-Dionysian polarity and ‹The ladybird›. In: Forms of modern British fiction. Austin – London 1975. S. 73–99 (Symposia in the arts and the humanities 2)

HINZ, EVELYN J. und JOHN J. TEUNISSEN: Savior and cock: Allusion and icon in Lawrence's ‹The man who dies›. In: Journal of modern literature 5/1976, H. 2, S. 279–296

JOCHEMS, HELMUT: Anmerkungen zu D. H. Lawrence: ‹New Mexico›. In: Literatur in Wissenschaft und Unterricht 9/1976, H. 2, S. 77–84

NEGRIOLLI, CLAUDE: L'Univers sémantique de «The Rainbow» de D. H. Lawrence. Paris 1976
CUSHMAN, KEITH: A note on Lawrence's ‹Fly in the ointment›. In: English languages notes 15/1977, H. 1, S. 47–51
MASON, H. A.: D. H. Lawrence and «The White Peacock». In: The Cambridge quarterly 7/1977, H. 3, S. 216–231
BECK, RUDOLF: Die drei Versionen von «Lady Chatterley's Lover». In: Anglia 96/1978, H. 3/4, S. 409–429
NIVEN, ALASTAIR: D. H. Lawrence, the novels. Cambridge 1978
PARKER, DAVID: Lawrence and Lady Chatterley: the teller and the tale. In: The critical review 20 (1978), S. 31–41
WRIGHT, LOUISE: Lawrence's «The Trespasser»: its dept to reality. In: Texas studies in literature and language 20/1978, H. 2, S. 230–248

c) Beziehungen und Wirkungen, Vergleiche

HOUGH, GRAHAM: Two exiles. Lord Byron and D. H. Lawrence. Nottingham 1956
DEAKIN, WILLIAM: D. H. Lawrence's attack on Proust and Joyce. In: Essays in Criticism 7 (1957), S. 383–403
ARNOLD, ARMIN: D. H. Lawrence and America. London 1958
REES, RICHARD: Brave men. A study of D. H. Lawrence and Simone Weil. London 1958
WAIS, KURT: Die zeitgenössische Dichtung und die bildenden Künste. D. H. Lawrence, Paul Valéry, Rilke und andere. In: WAIS, An den Grenzen der Nationalliteratur. Berlin 1958. S. 271–312
LACHER, WALTER: L'Amour et le divin. Marceline Desbordes-Valmore, Anna de Noailles, David Herbert Lawrence, Charles Morgan. Genf 1961
ARNOLD, ARMIN: D. H. Lawrence and German literature. With two hitherto unknown essays by D. H. Lawrence. Montreal 1963
GOTTWALD, JOHANNES: Die Erzählform der Romane von Aldous Huxley und David Herbert Lawrence. München 1964
FEDDER, NORMAN J.: The influence of D. H. Lawrence on Tennessee Williams. The Hague 1966
LERNER, LAURENCE: The truthtellers: Jane Austen, Georges Eliot, D. H. Lawrence. London 1967
ALEXANDER, EDWARD: Thomas Carlyle and D. H. Lawrence: A parallel. In: University of Toronto quarterly 37/1968, H. 3, S. 248–267
REMBAR, CHARLES: The end of obscenity: the trials of «Lady Chatterley», «Tropic of cancer» and «Fanny Hill». New York 1968
BAREISS, DIETER: Die Vierpersonenkostellation im Roman. Strukturuntersuchung zur Personenführung. Dargest. an N. Hawthornes ‹The blithedale romance›; G. Eliots ‹Daniel Deronda›; H. James' ‹The golden bowl› und D. H. Lawrence's ‹Women in love›. Bern 1969 (Europäische Hochschulschriften, R. 14, 1)
CAVITCH, DAVID: D. H. Lawrence and the New World. New York 1969
DELAVENAY, EMILE: D. H. Lawrence and Edward Carpenter. London 1971
BEDIENT, CALVIN: Architects of the self: George Eliot, D. H. Lawrence, and E. M. Forster. Berkeley, Calif. 1972
GARCIA, RELOY: Steinbeck and D. H. Lawrence: fictive voices and the ethical imperative. Muncie, Ind. 1972 (Steinbeck monograph series 2)

Swigg, Richard: Lawrence, Hardy and American literature. London 1972
Sale, Roger: Modern heroism. Essays on D. H. Lawrence, William Empson, and J.R. R. Tolkien. Berkeley, Calif. 1973
Green, Eleanor H.: Blueprints for Utopia: The political ideas of Nietzsche and D. H. Lawrence. In: Renaissance and modern studies 18 (1974), S. 141–161
Vitoux, Pierre: Aldous Huxley and D. H. Lawrence: an attempt at intellectual sympathy. In: The modern language review 69/1974, H. 3, S. 501–522
Spilka, Mark: [Doris] Lessing and Lawrence: The battle of the sexes. In: Contemporary literature 16/1975, H. 2, S. 218–240
Squires, Michael: The pastoral novel: Studies in George Eliot, Thomas Hardy, and D. H. Lawrence. 2. pr. Charlottesville 1975
Albright, Daniel: Personality and impersonality: Lawrence, Woolf, and Mann. Chicago 1978
Brunsdale, Mitzi M.: The German effect on D. H. Lawrence and his work 1885–1912. Bern – Frankfurt a. M. – Las Vegas 1978
Murfin, Ross C.: Swinburne, Hardy, Lawrence, and the burden of belief. Chicago 1978
Scott, James F.: Thimble into Ladybird: Nietzsche, Frobenius, and Bachofen in the later work of D. H. Lawrence. In: Acardia 13/1978, H. 2, S. 161–176

Namenregister

Die kursiv gesetzten Zahlen bezeichnen die Abbildungen

Quellennachweis der Abbildungen

Radio Times Hulton Picture Library: 15, 19, 24 o., 24 u., 28, 31, 39, 43, 75, 77, 85, 98, 106
Ullstein Bilderdienst, Berlin: 72/73, 79, 82, 87, 89, 109, 112/113, 129, 161
Mrs. Julian Vinogradoff: 91, 93, 96, 130
Aus: «The Letters of D. H. Lawrence», London: 8, 12, 135, 148/149
Süddeutscher Verlag, München: 60, 63, 64/65, 127
E. W. Tedlock, Esq.: 118/119, 120, 121, 136/137
Witter Bynner, Esq.: 123, 155
Dorothy Brett: 124, 125, 158
David Garnett, Esq.: 53, 67, 71
George L. Lazarus, Esq.: 11, 59, 147
Mrs. M. E. Needham: 83, 102, 116
Aus: Richard Aldington «Portrait of a Genius, but . . .», London: 21, 55
Constantine Fitsgibbon: 108, 152, 153
National Portrait Gallery, London: 114, 133
Warren Roberts, Esq.: 151, 163
Picture Service: 16/17
Miss F. Gair Wilkonson: 141, 143
Miss Helen Corke: 50
H. F. Gunns, Esq.: 33
Mrs. O. L. Hopkin: 165
Archiv Mohrbooks, Zürich: 6
Montague Weekley, Esq.: 57
Mrs. Nancy Pearn: 139
Rowohlt Archiv: 145
University of Nottingham: 36
Aus: Ada Lawrence und G. Stuart «Young Lorenzo. The Early Life of D. H. Lawrence» (Florenz 1931): 49

Herausgeber und Verlag danken an dieser Stelle allen, die Fotografien zur Verfügung stellten. Ihre Namen finden sich im Quellennachweis der Abbildungen. Besonderen Dank schulden wir der University of Nottingham, die uns Bilddokumente aus der großen Lawrence-Ausstellung in Nottingham «After Thirty Years (1930–1960)» beschaffte, und dem Verlag William Heinemann Ltd., London, der uns Druckvorlagen zur Verfügung stellte.

rowohlts bildmonographien

rororo bildmonographien

Herausgegeben von Kurt und Beate Kusenberg
Jeder Band mit etwa 70 Abbildungen, Zeittafel, Bibliographie und Namenregister.

Betrifft: Literatur

947/6b

rowohlts bild-mono-graphien

Herausgegeben von Kurt und Beate Kusenberg
Jeder Band mit etwa 70 Abbildungen, Zeittafel, Bibliographie und Namenregister.

Betrifft: Literatur

947/6d

Jean-Paul Sartre
Walter Biemel [87]

Friedrich Schiller
Friedrich Burschell [14]

Friedrich Schlegel
E. Behler [123]

Arthur Schnitzler
Hartmut Scheible [235]

William Shakespeare
Jean Paris [2]

George Bernard Shaw
Hermann Stresau [59]

Alexander Solschenizyn
Reinhold Neumann-Hoditz [210]

Carl Sternheim
Manfred Linke [278]

Adalbert Stifter
Urban Roedl [86]

Theodor Storm
Hartmut Vinçon [186]

Jonathan Swift
Justus Franz Wittkop [242]

Dylan Thomas
Bill Read [143]

Leo Tolstoj
Janko Lavrin [57]

Georg Trakl
Otto Basil [106]

Kurt Tucholsky
Klaus-Peter Schulz [31]

Mark Twain
Thomas Ayck [211]

Walther von der Vogelweide
Hans-Uwe Rump [209]

Frank Wedekind
Günter Seehaus [213]

Oscar Wilde
Peter Funke [148]

Émile Zola
Marc Bernhard [24]

Carl Zuckmayer
Thomas Ayck [256]